学校環境衛生180のギモン
解決レシピ

● ● ●

一般社団法人 東京都学校薬剤師会 編

東山書房

執筆者一覧

（50音順　○は委員長）

朝木	多貴子	（一社）東京都学校薬剤師会理事
安西	眞理子	（一社）東京都学校薬剤師会副会長
石川	哲也	（一社）東京都学校薬剤師会副会長・神戸大学名誉教授
井戸	久夫	（一社）東京都学校薬剤師会副会長
井上	優美子	（一社）東京都学校薬剤師会会長
岡部	大達	（一財）東京顕微鏡院
○岡本	繁雄	（一社）東京都学校薬剤師会監事・前副会長
亀崎	信明	（一社）東京都学校薬剤師会理事
杉下	順一郎	元日本学校薬剤師会会長
杉本	カヅ	（一社）東京都学校薬剤師会相談役・前副会長
田中	恭子	（一社）東京都学校薬剤師会理事
田中	順子	（一社）東京都学校薬剤師会理事
樋口	光司	（一社）東京都学校薬剤師会理事

写真提供

アサヒフードアンドヘルスケア株式会社

株式会社ガステック

光明理化学工業株式会社

柴田科学株式会社

日本カノマックス株式会社

リオンテック株式会社

発刊にあたり

　学校薬剤師は、児童生徒の健康の保持増進を図り、学習能率の向上に寄与し、健康で快適な学習環境を整備することが職務の一つであります。このため学校環境衛生活動は、学校経営においても重要な役割を担っており、学校薬剤師の職能を支える大きな糧となっております。

　近年、地球規模の気候変動が日常的に報道されていますが、観測史上初というような暑さを日本中が体験し、全国の学校に冷房設置をという動きがあるなか、児童生徒の学習環境を守る重要性を改めて感じております。

　平成20年1月の中央教育審議会の答申を踏まえ、学校保健法の一部改正が行われ、平成21年4月1日より学校保健安全法として施行されました。これにより、文部科学大臣は学校における環境衛生に係る事項について「学校環境衛生基準」を定めるものとされるなど、法的位置づけが明確となりました。

　この度、環境衛生に関する新たな知見や、児童生徒を取り巻く学習環境の変化を踏まえ、平成30年4月1日に「学校環境衛生基準」の一部改正が行われ、また前回の『学校環境衛生Q&A』から9年がたち、本改正をふまえ、学校環境衛生活動のなかでおこる様々な疑問解決の一助になるよう本書を作成致しました。学校薬剤師のみならず、養護教諭、学校関係者の皆様の日頃の職務にお役立ていただけるものになることを願っております。

　おわりに、本書の編集にあたり、たくさんの質問を寄せていただき全面的にご協力いただきました（一社）東京都学校薬剤師会会員の先生方、資料をご提供いただいたメーカー各社、また東山書房の山本成一郎社長及び本書のタイトルを始め、詳細な箇所までアドバイスをいただきました山崎智子様に深く感謝と御礼を申し上げます。

　　平成30年9月8日

一般社団法人東京都学校薬剤師会

会長　　井上　優美子

目　次

発刊にあたり　3

第1部　学校保健安全法と学校環境衛生

〈総論〉学校保健安全法と学校環境衛生……………………………14

Q 1．学校の環境衛生管理はどのような法律によって実施するよう決められているのですか。　14

Q 2．学校の環境衛生管理を実施する主体は、どこで、どのようなことを行うのですか。　15

Q 3．学校保健安全法施行規則においては、学校環境衛生に関してどのように定めていますか。　16

Q 4．学校薬剤師になるにはどうしたらよいですか。　17

第2部　学校環境衛生基準

第1章　学校環境衛生基準　総論…………………………………………20

Q 1．平成30年4月に学校環境衛生基準が一部改正されましたが、どのような改正があったのですか。　23

Q 2．なぜ、改正が行われたのですか。　23

第2章　教室等の環境に係る学校環境衛生基準………………………25

1　換気及び保温等……………………………………………………………25

Q 1．換気とは、どのようなものですか。また、その方法には、どのようなものがありますか。　26

Q 2．新型コロナウイルスの感染予防のためには、学校は、どのように対応すればよいですか。　26

Q 3．二酸化炭素はどのように測定すればよいですか。　27

Q 4．検知管法による二酸化炭素の測定法を教えてください。　28

Q 5．二酸化炭素を検知管法以外で簡単に測定する方法を教えてください。　29

Q 6．二酸化炭素の健康への影響を教えてください。　30

Q 7．教室の温度・相対湿度の測定にアスマン通風乾湿計を使用していますが目盛りが細かく、見えにくいと思う人が増えてきました。また、運搬にも不便を感じています。デジタルに変えているところも多いようなので変更したいと考えています。特に問題はないですか。　30

Q 8．新型コロナウイルスの感染を防止するために学校に二酸化炭素モニターとサーキュレーターが、教育委員会から送られてきましたが、どのように設置すればよいのでしょうか。　31

Q 9．学校環境衛生基準にある「浮遊粉じん」とは、どのようなものですか。　32

Q 10. PM2.5とはどのようなものですか。　33

Q 11. 浮遊粉じんの測定にあたって、デジタル粉じん計では、PM2.5を測定できますか。　34

Q 12. PM2.5を防除するために、マスクの着用は有効ですか。また、空気清浄機によって除去できますか。　34

Q 13. 浮遊粉じんの測定は、「検査の結果が著しく基準値を下回る場合には、以後教室等の環境に変化が認められない限り、次回からの検査を省略することができる。」となっていますが、どの程度であれば省略することができますか。　34

Q 14. 気流の測定法は、「0.2m／秒以上の気流を測定することができる風速計を用いて測定する。」となっていますが、どのような測定器がありますか。　35

Q 15. 一酸化炭素濃度が基準値を超えると人体にどのような影響がありますか。　35

Q 16. 一酸化炭素の測定は、どのようにすればよいですか。また、「教室等において燃焼器具を使用していない場合に限り、検査を省略することができる。」となっていますが、どのような場合ですか。　36

Q 17. 二酸化窒素の測定方法、毒性について教えてください。　36

Q 18. 二酸化窒素の簡易測定でタブ（本体）が低温のため凍ってしまい測定ができません。どうすればよいですか。　38

Q 19. ホルムアルデヒド（HCHO）は、どのような物質ですか。　38

Q 20. ホルムアルデヒド等揮発性有機化合物は、どのようなものから発生しますか。また、発生源における規制はありますか。　38

Q 21. 揮発性有機化合物の測定方法と毒性について教えてください。　39

Q 22. 令和3年4月からキシレンの基準が870$\mu g/m^3$から200$\mu g/m^3$へと厳しくなりましたが、その経緯を教えてください。　40

Q 23. 教室において揮発性有機化合物を測定する場合、ガスの採取方法として、吸引方式と拡散方式がありますが、どう違うのですか。　41

Q 24. ホルムアルデヒドの簡易測定器にはどのようなものがありますか。　41

Q 25. ホルムアルデヒドの簡易測定法を教えてください。　42

Q 26. ホルムアルデヒド測定において、測定値が基準の1／2以下であれば、次回以降測定を省略できるとありますが、簡易測定でも省略可能ですか。　43

Q 27. 学校の改修を行いました。この場合も揮発性有機化合物の測定は必要ですか。　43

Q 28. ダニ又はダニアレルゲンを測定する意義は何ですか。また、基準の根拠を教えてください。　43

Q 29. ダニアレルゲンの簡易測定法について教えてください。　44

Q 30. ダニ及びダニアレルゲンの除去方法について教えてください。　45

2 採光及び照明 ··· 45

Q 1. 黒板の照度の基準は、どのような値を用いればよいですか。 46

Q 2. 照度計には、どのような種類がありますか。 46

Q 3. 電子黒板も含め照度の測定方法を教えてください。 47

Q 4. 学校環境衛生基準においては、「その他の場所における照度は、JIS Z 9110学校施設の人工照明の照度基準に適合」と規定していますが、JISにはどのように規定されていますか。 47

Q 5. LED照明を測定する照度計はありますか。 48

Q 6. LEDの人体への影響について教えてください。 49

Q 7. まぶしさとはどのようなものを指すのですか。 49

3 騒音 ··· 50

Q 1. 騒音の測定は、どのように行えばよいですか。 50

Q 2. 学校環境衛生基準においては、「測定結果が著しく基準値を下回る場合には、以後教室等の内外の環境に変化が認められない限り、次回からの検査を省略することができる。」とありますが、基準値を著しく下回る場合とはどの程度のことですか。 51

Q 3. 騒音が基準値を超えた場合、どのような措置を取ればよいですか。 51

第3章 飲料水等の水質及び施設・設備に係る学校環境衛生基準 ·· 53

1 飲料水の水質及び施設・設備 ··· 53

Q 1. 水道の種類には、どのようなものがありますか。 56

Q 2. 学校にはどのような種類の飲料水がありますか。 56

Q 3. 簡易専用水道について教えてください。 57

Q 4. 専用水道について教えてください。 58

Q 5. 飲料水（浄水）の水質検査項目と基準値、検査回数について教えてください。 59

Q 6. 飲料水の原水の水質検査項目について教えてください。 62

Q 7. 飲料水（浄水）の水質検査用試料の採水地点と採水方法について教えてください。 62

Q 8. 現場における遊離残留塩素の検査方法について教えてください。 62

Q 9. 遊離残留塩素が検出されない場合の処置について教えてください。 63

Q 10. 採水した水質検査用試料の保管方法について教えてください。 64

Q 11. 一般細菌について教えてください。また不適の結果がでた場合、どのようにすればよいですか。 64

Q 12. 飲料水の検査で不適の結果がでました。どのようにすればよいですか。 65

Q 13. 大腸菌について教えてください。　65

Q 14. 塩化物イオンについて教えてください。　65

Q 15. 有機物について教えてください。　66

Q 16. pH を測定する意味について教えてください。　66

Q 17. 現場における味の検査方法について教えてください。　66

Q 18. 現場における臭気の検査方法について教えてください。　67

Q 19. 色度の検査方法について教えてください。　67

Q 20. 現場における外観の検査方法について教えてください。　67

Q 21. 長期休み後の水道水に色がついています。どのようにすればよいですか。　67

Q 22. 濁度の検査方法について教えてください。　68

Q 23. 飲料水に関する施設・設備の検査はどのように行いますか。　68

Q 24. 子どもたちが学校に水筒を持ってきています。安全ですか。また、水筒持参への対処はどのようにすればよいですか。　69

2 　雑用水の水質及び施設・設備 ………………………………………………71

Q 1. 雑用水とはどのような水を指すのですか。　71

Q 2. 雑用水の水質検査について教えてください。　72

Q 3. 雑用水に関する施設・設備の検査について教えてください。　72

Q 4. 学校の雑用水を校庭の散水に使用できますか。　73

Q 5. 雨水を再利用して雑用水（散水、修景水、清掃）として使用する場合は、塩素剤による殺菌が建築物衛生法で義務づけられていますが、塩素系薬剤にはどのような種類がありますか。　73

Q 6. 建築物衛生法による雑用水の水質基準、検査回数等は、学校環境衛生基準とは異なっているようですが、どのようになっていますか。　73

Q 7. 雑用水の水質管理で、BTB 試薬を用いて pH 値を測定していますが、ガラス電極法によらなければならないとの指導を受けました。その理由は何ですか。　74

第4章　学校の清潔、ネズミ、衛生害虫等及び教室等の備品の管理に係る学校環境衛生基準 …………………………75

1 　学校の清潔 …………………………………………………………………75

Q 1. 大掃除とは、どのような掃除を指すのですか。　75

Q 2. 排水溝の管理の意義はどのようなものですか。　76

2 　ネズミ、衛生害虫等 ………………………………………………………77

Q 1. 衛生害虫等の「等」は何を指しますか。また、衛生動物とは何ですか。　77

Q 2. ゴキブリについて教えてください。　78

Q 3. ゴキブリの生息状況や駆除の効果を示す基準等はありますか。　80

Q 4．校舎内で発生するネズミについて教えてください。　81

Q 5．ネズミ、衛生害虫等の検査は年何回行いますか。また、検査場所、検査方法を教えてください。　83

Q 6．ネズミが体育館に出没しマットレス付近に糞が落ちています。どのように対処すればよいですか。　83

Q 7．ネズミが出没します。駆除の方法と予防策を教えてください。　83

Q 8．IPM とはどういうことですか。　84

Q 9．教室の床の隙間が真っ白になっていました。よく見ると、白い虫が大量に発生しています。これは何ですか。どのように対処すればよいですか。　85

3　教室等の備品の管理……………………………………………………85

Q 1．教室の黒板を白板に変更してもよいのですか。　85

Q 2．ほうろう白板に明度や彩度の基準はありますか。　85

Q 3．グレーの黒板が教室に設置されました。どのように管理すればよいですか。　86

Q 4．学校環境衛生基準の改正（平成30年４月）において、机・いすの管理がなくなったのですが、何もしなくてよいですか。　86

4　基準項目以外の学校の清潔、ネズミ、衛生害虫等及び教室の備品の管理……………………………………………………88

Q 1．ハト対策について教えてください。　88

Q 2．砂場の衛生管理はどうしたらよいですか。　88

Q 3．幼稚園・学校の砂場の砂はどのように消毒したらよいですか。　89

Q 4．学校内の芝生の管理はどうしたらよいですか。　90

第5章　水泳プールに係る学校環境衛生基準……………………91

Q 1．プールに使用される消毒剤にはどのようなものがありますか。　92

Q 2．塩素剤を取り扱う場合の注意点は何ですか。　93

Q 3．遊離残留塩素とはどのようなものですか。　93

Q 4．DPD（N，N-ジエチルパラフェニレンジアミン）試薬で測定できるのは、遊離残留塩素だけですか。　94

Q 5．プール使用日における遊離残留塩素の測定は、いつ（どのタイミングで）、どの場所で（何カ所）測定すればよいですか。　94

Q 6．塩素剤を入れても遊離残留塩素が検出されません。どうすればよいですか。　94

Q 7．遊離残留塩素の消耗速度はどれくらいですか。　95

Q 8．遊泳中に目が痛くなりました。対策はありますか。　95

Q 9．鳥の死骸がプールに沈んでいました。鳥を取り出すのに使った網の消毒方法、プール水とプールの壁面・底面の消毒はどのようにしたらよいですか。　95

Q10. プールの腰洗い槽（高濃度塩素水）は利用したほうがよいですか。また、排水するときはそのまま排水してもよいですか。　96

Q11. 足洗い場、腰洗い槽の塩素を簡単に測定する方法を教えてください。　96

Q12. 塩素剤の殺菌力は菌に対してどの程度ですか。　97

Q13. プール水が着色しています。考えられる原因は、どのようなことですか。また、対策はどのようにすればよいですか。　97

Q14. プール水が臭うのですが、原因はどのようなことが考えられますか。また、対策はどのようにすればよいですか。　98

Q15. プール水のpHの管理は、なぜ必要なのですか。　98

Q16. プール水のpH値異常の原因とその調整法について教えてください。　99

Q17. 大腸菌が検出された場合、どのように対処すればよいですか。　99

Q18. 一般細菌が基準値をオーバーしたのですが、どのように対処すればよいですか。　100

Q19. プール病が発生した場合の対処方法を教えてください。　100

Q20. プール使用後の洗眼は、目のためによいのですか。またゴーグルを使用すれば、洗眼の必要がなくなりますか。　101

Q21. プール水の総トリハロメタン分析用のための検体採水上の注意点を教えてください。　102

Q22. 紫外線による肌の過敏症があります。日焼け止めクリームを使ってもよいですか。　102

Q23. プールの清掃は、どのようにすればよいですか。また、どのようなことに注意しなければいけないですか。　102

Q24. スーパークロリネーション処理とはどのような処理ですか。　103

Q25. 循環ろ過装置の1日のターン数はどれくらいがよいですか。　103

Q26. 砂式ろ過装置に使う硫酸バンドの使い方はどのようにすればよいですか。　103

Q27. プール水の採水容器はどのようなものが必要ですか。また、どのようなことに注意すればよいですか。　104

Q28. プール水の検体の採水箇所について教えてください。　104

Q29. プールの使用にあたって、その水温はどのように判断すればよいですか。　104

Q30. 幼稚園等で使われている組み立て式プールについてはどのような水質管理をすればよいですか。　105

Q31. プール排水口での事故を防止するには、どのような点に注意すればよいですか。　106

Q32. プール条例と学校環境衛生基準の違いはありますか。また、厚生労働省の「遊泳用プールの衛生基準」との関係を教えてください。106

第6章　日常における環境衛生基準に係る学校環境衛生基準

·· 107

Q1. 換気における日常点検において、教職員は具体的にどんなことをするのですか。また、留意点も教えてください。　108

Q2. 学校で一酸化炭素中毒とみられる事故がおきました。一酸化炭素は無味無臭なので基準の「1（1）換気の（ア）（イ）」だけでは不十分ではないですか。　109

Q3. 温度における日常点検において、教職員は具体的にどんなことをするのですか。また、留意点も教えてください。　109

Q4. 室温が28℃を超える日が1カ月以上続くのですが、一向に冷房設備は設置されません。「望ましい」では改善されないのですか。
110

Q5. 明るさとまぶしさにおける日常点検において、教職員は具体的にどんなことをするのですか。また、ICT環境を導入する場合に参考となる留意点も教えてください。　110

Q6. 教室の照明をLED照明にしたのですが、まぶしさを感じます。どのようにすればよいですか。　111

Q7. 騒音における日常点検において、教職員は具体的にどんなことをするのですか。また、留意点も教えてください。　111

Q8. 飲料水の水質における日常点検において、教職員は具体的にどんなことをするのですか。また、留意点も教えてください。　112

Q9. 飲料水における日常点検において遊離残留塩素の測定をするようにいわれました。その必要はあるのですか。　113

Q10. 給水栓において遊離残留塩素が常に0.4mg/L から0.5mg/L あるのですが健康被害はないのですか。　113

Q11. 飲料水の給水栓の遊離残留塩素は市町村の水道課が定期的に検査しているし、給食室でも1日に何回も測定しているようですが、それとは別に、なぜ、毎授業日検査しなければならないのですか。
113

Q12. 給水栓において遊離残留塩素が検出されません。どうしたらよいですか。　114

Q13. 飲料水における日常点検においてpHの測定はどのようにすればよいですか。　114

Q14. 冷水器等飲料水を貯留する給水器具（ウォータークーラー等）の管理は、どうしたらよいですか。　115

Q15. 雑用水における日常点検において、教職員は具体的にどんなことをするのですか。また、留意点も教えてください。　115

Q16. 雑用水における日常点検において、遊離残留塩素の測定をするようにいわれました。その必要はありますか。　116

Q17. 飲料水等の施設・設備における日常点検において、教職員は具体的にどんなことをするのですか。また、留意点も教えてください。
116

Q18. 水飲み場の排水口から異臭がします。どうしたらよいですか。
116

Q 19. 排水の管理において、注意事項等、具体例をあげて教えてください。　117

Q 20. 学校の清潔における日常点検において、教職員は具体的にどんなことをするのですか。また、留意点も教えてください。　118

Q 21. ゴミ集積場を清潔に管理するにはどういう取り組みが必要ですか。　118

Q 22. 学校において飼育されている鳥が死亡した場合の取り扱いはどうしたらよいですか。　119

Q 23. 児童生徒が動物を飼育するにあたり、注意する点を教えてください。　121

Q 24. ネズミ、衛生害虫等における日常点検において、教職員は具体的にどんなことをするのですか。また、留意点も教えてください。　121

Q 25. ネズミの糞がみつかりました。始末の仕方、消毒法、駆除法を教えてください。　122

Q 26. 校舎内のネズミ、衛生害虫等の防除に農薬を使用してもよいですか。　122

Q 27. 冬期なのに校舎内の湧水槽に蚊が発生し、吸血の被害があります。どんな種類の蚊で、どのように防除すればよいですか。　123

Q 28. 校門の内側に公共下水道に直結する排水溝があるのですが、そこにボウフラが発生しています。どのように対処すればよいですか。124

Q 29. アタマジラミの見分け方と駆除法を教えてください。　124

Q 30. プール水等における日常点検において、教職員は具体的にどんなことをするのですか。また、留意点も教えてください。　125

Q 31. プール入泳前の健康観察についての記載がなくなったのですが、どうしてですか。　125

Q 32. プールに鳥の糞や木の葉が落ちて管理が大変です。どうしたらよいですか。　125

Q 33. プールの附属施設・設備等における日常点検において、教職員は具体的にどんなことをするのですか。また、留意点も教えてください。　126

Q 34. 水泳プールの管理において、「学校環境衛生基準」には入泳前に排水溝等の固定等、安全確認が明記されていましたが、今回記述がないのはなぜですか。　126

Q 35. 点検結果や記録簿の整備、保管が追加されたのはなぜですか。また、日常点検の責任者は誰ですか。日常点検の記録用紙はありますか。　126

第 3 部
学校給食衛生管理基準

総論　学校給食衛生管理基準……………………………………130

Q 1. HACCP とはどのようなものですか。　138

Q 2. 学校給食において食の安全性は、どのように考えればよいですか。139

Q3. 学校給食において注意すべき食中毒にはどのようなものがありますか。 139

Q4. 学校給食の衛生検査には、どのようなものがありますか。 140

Q5. 各検査票のポイントは、どのようなことですか。 141

Q6. 消毒と滅菌、殺菌はどう違うのですか。 143

Q7. 給食調理場において、食器類、調理器具、調理台等、及び施設の清掃や消毒剤の使い方を教えてください。 143

Q8. ノロウイルスの感染を防ぐ方法には、どのようなものがありますか。 144

Q9. 下洗いした野菜を、調理室で調理します。よく下洗いすれば細菌は除去されますか。また豆腐等のビニール包装されている容器は、きれいで安全ですか。 144

Q10. 学校給食において作業区分ごとの手洗いの励行がいわれています。手洗いの方法にはどんなものがあり、効果はどの程度あるのでしょうか。また、洗面器での薬品の使用は禁止と聞きました。どうしてですか。 145

Q11. 腸管出血性大腸菌 O157を原因として起こる食中毒の対策を教えてください。 147

Q12. 学校給食の食中毒には O157やサルモネラ等、それぞれ特徴がみられます。どのような点に注意したらよいですか。 148

Q13. ノロウイルス感染症による食中毒が問題になっていますが、どのようなものですか。また、予防方法等について教えてください。 149

Q14. 脂肪性残留物の検査法はどのようなものがありますか。また、検査後の食器は廃棄していますが、廃棄は必要ですか。 150

Q15. 給食室の食器の検査をしたいと思います。残留でんぷんの検査は職員でも簡単にできますか。 150

Q16. 学校給食関係の定期検査票（第１〜５、７票）の各項目について、Ａ・Ｂ・Ｃで判定しますが、ＡとＢ、ＢとＣの境界がよくわからない項目があります。判断する基準を明確に表しているもの（通知等）はありますか。 151

Q17. 学校薬剤師は学校給食にどのように係わっているのですか。 152

資　料

学校環境衛生基準　154

学校給食衛生管理基準　164

第1部
学校保健安全法と学校環境衛生

〈総論〉

学校保健安全法と学校環境衛生

　学校環境衛生管理は、教育基本法、学校教育法等に定められた学校教育の目標を達成するため、特別法である学校保健安全法に基づいて行われます。
　学校環境衛生の目的は、次の通りです。

> （1）健康の保持増進を図る。
> （2）学習能率の向上を図る。
> （3）情操の陶冶を図る。

 1．学校の環境衛生管理はどのような法律によって実施するよう決められているのですか。

 　学校において環境衛生の管理を義務づけているのは、学校保健安全法という法律です。
　学校保健安全法は、
（1）環境衛生検査に関し、計画を立てて実施すること（学校保健計画）
（2）検査・点検の方法・判定基準は、文部科学大臣告示である「学校環境衛生基準」によること
（3）学校の設置者は、学校の適切な環境の維持に努めなければならないこと
（4）校長は、改善措置を講じ、または設置者へ申し出ること
等、図1-1のような構成になっています。
　また、学校給食法、食品衛生法、環境基本法、労働安全衛生法、建築物における衛生的環境の確保に関する法律（建築物衛生法）、水道法、下水道法、浄化槽法、水質汚濁防止法、廃棄物の処理及び清掃に関する法律（廃棄物処理法、廃掃法）、感染症の予防及び感染症の患者に対する医療に関する法律（感染症予防法）等も、学校環境衛生の維持管理に関係しています。

第1部　学校保健安全法と学校環境衛生

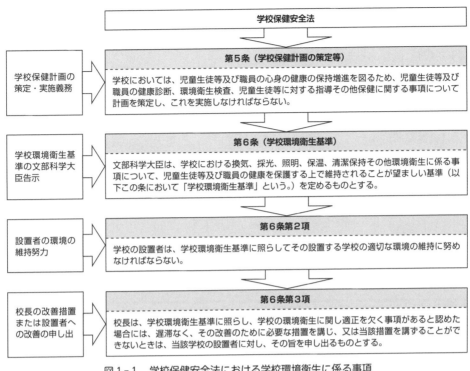

図1-1　学校保健安全法における学校環境衛生に係る事項

2．学校の環境衛生管理を実施する主体は、どこで、どのようなことを行うのですか。

　学校環境衛生管理を行うのは、学校です。学校は、図1-2のような学校保健安全法及び学校保健安全法施行規則に基づいて管理を進めます。

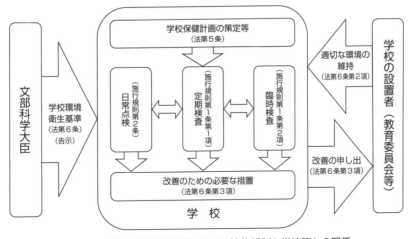

図1-2　学校環境衛生管理における法的規制と学校等との関係

学校保健計画は、学校環境衛生基準に照らして、必要なすべての項目について策定するものです。
　学校環境衛生に関する学校保健計画は、一般的に年間計画、月間計画、さらには実施に際して、より具体的な実施計画があります。
　学校が学校保健計画を策定する場合は、学校環境衛生の専門家である学校薬剤師に企画・立案に協力を依頼する必要があります。学校薬剤師は、校長の命を受け、検査の時期や方法、評価や事後措置に対してアドバイスや協力をします。
　学校環境衛生基準に適合しない場合は、校長は速やかに改善のための必要な措置、すなわち「事後措置」を取らなければなりません。
　事後措置に当たっては、学校薬剤師にも相談しましょう。
　経費を伴う場合、学校だけでは解決できない場合があります。その場合は、速やかに学校の設置者に結果を報告し、改善の措置を要望する必要があります。
　学校の設置者は、環境を維持・改善する必要があります。

3．学校保健安全法施行規則においては、学校環境衛生に関してどのように定めていますか。

　学校保健安全法施行規則では、学校環境衛生の「定期検査」「臨時検査」「日常点検」について定めています。

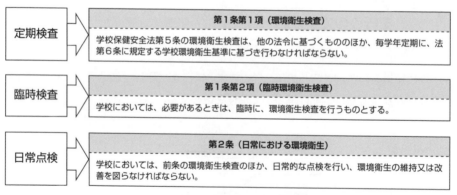

図1-3　学校保健安全法施行規則と学校環境衛生

　また、同法施行規則第24条には、「学校薬剤師の職務執行の準則」について以下のことを定めています。

第24条　学校薬剤師の職務執行の準則

学校薬剤師の職務執行の準則は、次の各号に掲げるとおりとする。
一　学校保健計画及び学校安全計画の立案に参与すること。
二　第１条の環境衛生検査に従事すること。
三　学校の環境衛生の維持及び改善に関し、必要な指導及び助言を行うこと。
四　法第８条の健康相談に従事すること。
五　法第９条の保健指導に従事すること。
六　学校において使用する医薬品、毒物、劇物並びに保健管理に必要な用具及び材料の管理に関し必要な指導及び助言を行い、及びこれらのものについて必要に応じ試験、検査又は鑑定を行うこと。
七　前各号に掲げるもののほか、必要に応じ、学校における保健管理に関する専門的事項に関する技術及び指導に従事すること。

２　学校薬剤師は、前項の職務に従事したときは、その状況の概要を学校薬剤師執務記録に記入して校長に提出するものとする（資料参考）。

４．学校薬剤師になるにはどうしたらよいですか。

学校薬剤師は、学校保健安全法に基づいて学校に置かれます。

第23条　学校医、学校歯科医及び学校薬剤師

学校には、学校医を置くものとする。
２　大学以外の学校には、学校歯科医及び学校薬剤師を置くものとする。
３　学校医、学校歯科医及び学校薬剤師は、それぞれ医師、歯科医師又は薬剤師のうちから、任命し、又は委嘱する。
４　学校医、学校歯科医及び学校薬剤師は、学校における保健管理に関する専門的事項に関し、技術及び指導に従事する。
５　学校医、学校歯科医及び学校薬剤師の職務執行の準則は、文部科学省令で定める。

　学校薬剤師の職務に就くには、薬剤師の国家資格が必要です。１、２、３によってそれぞれ任命、採用されます。
　設置者、地方公共団体が決められない場合等は、教育委員会等がそれぞれの地域の学校薬剤師会に推薦者を依頼して任命、委嘱している場合が実態です。したがって、学校薬剤師の身分は、非常勤公務員または非常勤職員となり、それぞれ報酬、給与の支給を受けます。

学校薬剤師は、具体的には、以下の様な職務に従事しています。

1　教室等の換気、保温、採光、照明、騒音等の衛生管理

2　飲料水、雑用水の水質及び施設・設備の衛生管理

3　学校の清潔、ネズミ、衛生害虫等及び教室等の備品の衛生管理

4　水泳プールの水質及び施設・設備の衛生管理

5　児童生徒等の心身の健康に関する健康相談

6　健康上の問題に対する保健指導

7　喫煙、飲酒、薬物乱用防止教育や薬の正しい使い方の指導等

8　医薬品、毒物、劇物並びに保健管理に必要な用具及び材料の管理に関し必要な指導及び助言、必要に応じ試験、検査又は鑑定

9　その他、学校環境衛生や健康に関すること

第 2 部
学校環境衛生基準

第1章

学校環境衛生基準　総論

学校環境衛生管理は、学校環境衛生基準に即して実施されます。

第1　教室等の環境に係る学校環境衛生基準（一部略）：定期環境衛生検査

<table>
<tr><td colspan="4" align="center">検査項目及び検査回数</td><td align="center">基準</td></tr>
</table>

検査項目及び検査回数				基準
換気及び保温等	年2回	（1）換気		換気の基準として、二酸化炭素は、1500ppm 以下であることが望ましい。
		（2）温度		17℃以上、28℃以下であることが望ましい。
		（3）相対湿度		30%以上、80%以下であることが望ましい。
		（4）浮遊粉じん		0.10mg/m³ 以下であること。（1/2 以下は次回から省略可）
		（5）気流		0.5m/秒以下であることが望ましい。
		（6）一酸化炭素		10ppm 以下であること。
		（7）二酸化窒素		0.06ppm 以下であることが望ましい。
	年1回	（8）揮発性有機化合物	ア．ホルムアルデヒド	100μg/m³ 以下であること。
			イ．トルエン	260μg/m³ 以下であること。
			ウ．キシレン	200μg/m³ 以下であること。
			エ．パラジクロロベンゼン	240μg/m³ 以下であること。
			オ．エチルベンゼン	3800μg/m³ 以下であること。
			カ．スチレン	220μg/m³ 以下であること。
		（9）ダニ又はダニアレルゲン		100匹/m² 以下又はこれと同等のアレルゲン量以下であること。
採光及び照明	年2回	(10) 照度		（ア）教室及びそれに準ずる場所の照度の下限値は、300lx（ルクス）とする。また、教室及び黒板の照度は、500lx 以上であることが望ましい。 （イ）教室及び黒板のそれぞれの最大照度と最小照度の比は、20：1を超えないこと。また10：1を超えないことが望ましい。 （ウ）コンピュータを使用する教室等の机上の照度は、500〜1000lx 程度が望ましい。（タブレットも含む） （エ）テレビやコンピュータ等の画面の垂直面照度は、100〜500lx 程度が望ましい。 （オ）その他の場所における照度は、産業標準化法（昭和24年法律第185号）に基づく日本産業規格（以下「日本産業規格」という。）Z9110 に規定する学校施設の人工照明の照度基準に適合すること。
	年2回	(11) まぶしさ		（ア）児童生徒等から見て、黒板の外側15°以内の範囲に輝きの強い光源（昼光の場合は窓）がないこと。 （イ）見え方を妨害するような光沢が、黒板面及び机上面にないこと。 （ウ）見え方を妨害するような電灯や明るい窓等が、テレビ及びコンピュータ等の画面に映っていないこと。
騒音	年2回	(12) 騒音レベル		教室内の等価騒音レベルは、窓を閉じているときは L_{Aeq}50dB（デシベル）以下、窓を開けているときは L_{Aeq}55dB 以下であることが望ましい。窓を閉じているときは L_{Aeq}45dB（デシベル）以下、窓を開けているときは L_{Aeq}50dB 以下は、次回から省略可。

第2部　学校環境衛生基準

第2　飲料水等の水質及び施設・設備に係る学校環境衛生基準（一部略）：定期環境衛生検査

（飲料水に関しては井戸水、専用水道等種類によって検査項目、検査回数等が異なる）

検査項目及び検査回数				基準	
水質	年1回	（1）水道水を水源とする飲料水（専用水道を除く。）の水質	ア．一般細菌	水質基準に関する省令（平成15年厚生労働省令第101号）の表の下欄に掲げる基準による。	100CFU/mL 以下。
			イ．大腸菌		検出されないこと。
			ウ．塩化物イオン		200mg/L 以下。
			エ．有機物（全有機炭素（TOC）の量）		3 mg/L 以下。
			オ．pH値		5.8以上8.6以下。
			カ．味		異常でないこと。
			キ．臭気		異常でないこと。
			ク．色度		5度以下。
			ケ．濁度		2度以下。
			コ．遊離残留塩素	給水における水が遊離残留塩素を0.1mg/L以上保持するよう塩素消毒する。供給する水が病原生物に著しく汚染されるおそれがある場合または病原生物に汚染されたことを疑わせるような生物もしくは物質を多量に含むおそれがある場合の給水栓における水の遊離残留塩素は0.2mg/L以上。	
	年2回	（4）雑用水の水質	ア．pH値	5.8以上8.6以下であること。	
			イ．臭気	異常でないこと。	
			ウ．外観	ほとんど無色透明であること。	
			エ．大腸菌	検出されないこと。	
			オ．遊離残留塩素	0.1mg/L（結合残留塩素の場合は0.4mg/L）以上であること。	

第3　学校の清潔、ネズミ、衛生害虫等及び教室等の備品の管理に係る学校環境衛生基準（一部略）：定期環境衛生検査

検査項目及び検査回数			基準
学校の清潔	年3回	（1）大掃除の実施	大掃除は、定期に行われていること。
	年1回	（2）雨水の排水溝等	屋上等の雨水排水溝に、泥や砂等が堆積していないこと。また、雨水配水管の末端は、砂や泥等により管径が縮小していないこと。
		（3）排水の施設・設備	汚水槽、雑排水槽等の施設・設備は、故障等がなく適切に機能していること。
ネズミ、衛生害虫等	年1回	（4）ネズミ、衛生害虫等	校舎、校地内にネズミ、衛生害虫等の生息が認められないこと。
教室等の備品の管理	年1回	（5）黒板面の色彩	（ア）無彩色の黒板面の色彩は、明度が3を超えないこと。 （イ）有彩色の黒板面の色彩は、明度及び彩度が4を超えないこと。

第4　水泳プールに係る学校環境衛生基準（一部略）：定期環境衛生検査

検査項目及び検査回数			基準
水質	30日以内に1回	（1）遊離残留塩素	0.4mg/L以上であること。また、1.0mg/L以下であることが望ましい。
		（2）pH値	5.8以上8.6以下であること。
		（3）大腸菌	検出されないこと。
		（4）一般細菌	1 mL中200コロニー以下であること。
		（5）有機物等	過マンガン酸カリウム消費量として12mg/L以下であること。
		（6）濁度	2度以下であること。
	適切な時期に1回	（7）総トリハロメタン	0.2mg/L以下であることが望ましい。（全換水/1週間の場合：省略可）
	年1回	（8）循環ろ過装置の処理水	循環ろ過装置の出口における濁度は、0.5度以下であること。また、0.1度以下であることが望ましい。

第5　日常における環境衛生基準に係る学校環境衛生基準（毎授業日に行う）

検査項目		基準
教室等の環境	（1）換気	（ア）外部から教室に入ったとき、不快な刺激や臭気がないこと。 （イ）換気が適切に行われていること。
	（2）温度	17℃以上、28℃以下であることが望ましい。
	（3）明るさとまぶしさ	（ア）黒板面や机上等の文字、図形等がよく見える明るさがあること。 （イ）黒板面、机上面及びその周辺に見え方を邪魔するまぶしさがないこと。 （ウ）黒板面に光るような箇所がないこと。
	（4）騒音	学習指導のための教師の声等が聞き取りにくいことがないこと。
飲料水等の水質及び施設・設備	（5）飲料水の水質	（ア）給水栓水については、遊離残留塩素が0.1mg/L以上保持されていること。ただし、水源が病原生物によって著しく汚染されるおそれのある場合には、遊離残留塩素が0.2mg/L以上保持されていること。 （イ）給水栓水については、外観、臭気、味等に異常がないこと。 （ウ）冷水器等飲料水を貯留する給水器具から供給されている水についても、給水栓水と同様に管理されていること。
	（6）雑用水の水質	（ア）給水栓水については、遊離残留塩素が0.1mg/L以上保持されていること。ただし、水源が病原生物によって著しく汚染されるおそれのある場合には、遊離残留塩素が0.2mg/L以上保持されていること。 （イ）給水栓水については、外観、臭気に異常がないこと。
	（7）飲料水等の施設・設備	（ア）水飲み、洗口、手洗い場及び足洗い場並びにその周辺は、排水の状況がよく、清潔であり、その設備は破損や故障がないこと。 （イ）配管、給水栓、給水ポンプ、貯水槽及び浄化設備等の給水施設・設備並びにその周辺は、清潔であること。
学校の清潔及びネズミ、衛生害虫等	（8）学校の清潔	（ア）教室、廊下等の施設及び机、いす、黒板等教室の備品等は、清潔であり、破損がないこと。 （イ）運動場、砂場等は、清潔であり、ごみや動物の排泄物等がないこと。 （ウ）便所の施設・設備は、清潔であり、破損や故障がないこと。 （エ）排水溝及びその周辺は、泥や砂が堆積しておらず、悪臭がないこと。 （オ）飼育動物の施設・設備は、清潔であり、破損がないこと。 （カ）ごみ集積場及びごみ容器等並びにその周辺は、清潔であること。
	（9）ネズミ、衛生害虫等	校舎、校地内にネズミ、衛生害虫等の生息が見られないこと。
水泳プールの管理	（10）プール水等	（ア）水中に危険物や異常なものがないこと。 （イ）遊離残留塩素は、プールの使用前及び使用中1時間ごとに1回以上測定し、その濃度は、どの部分でも0.4mg/L以上保持されていること。また、遊離残留塩素は1.0mg/L以下が望ましい。 （ウ）pH値は、プールの使用前に1回測定し、pH値が基準値程度に保たれていることを確認すること。 （エ）透明度に常に留意し、プール水は、水中で3m離れた位置からプールの壁面が明確に見える程度に保たれていること。
	（11）附属施設・設備等	プールの附属施設・設備、浄化設備及び消毒設備等は、清潔であり、破損や故障がないこと。

第6　雑則

1　学校においては、次のような場合、必要があるときは、臨時に必要な検査を行うものとする。 （1）感染症又は食中毒の発生のおそれがあり、また、発生したとき。 （2）風水害等により環境が不潔になり又は汚染され、感染症の発生のおそれがあるとき。 （3）新築、改築、改修等及び机、いす、コンピュータ等新たな学校用備品の搬入等により揮発性有機化合物の発生のおそれがあるとき。 （4）その他必要なとき。
2　臨時に行う検査は、定期に行う検査に準じた方法で行うものとする。
3　定期及び臨時に行う検査の結果に関する記録は、検査の日から5年間保存するものとする。また、毎授業日に行う点検の結果は記録するよう努めるとともに、その記録を点検日から3年間保存するよう努めるものとする。
4　検査に必要な施設・設備等の図面等の書類は、必要に応じて閲覧できるように保存するものとする。

1．平成30年4月に学校環境衛生基準が一部改正されましたが、どのような改正があったのですか。

改正の概要は、次の通りです。

第一　改正の概要
1．教室等の環境に係る学校環境衛生基準関係
（1）温度の基準について
　　望ましい温度の基準を「17℃以上、28℃以下」に見直した。
（2）温度、相対湿度及び気流の検査方法について
　　0.5度目盛の温度計および乾湿球湿度計を用いて測定するとした。
（3）浮遊粉じんの検査方法について
　　検査の結果が著しく基準値を下回る場合（0.05mg/m^{3}以下）は、以後教室等の環境に変化が認められない限り、次回からの検査について省略することができる規定を設けた。
（4）照度の基準について
　　近年、普通教室においてもコンピュータを利用する授業が行われていることを踏まえ、「コンピュータを使用する教室等の机上の照度は、500～1000 lx 程度が望ましい」とした。
（5）騒音の基準について
　　検査の結果が著しく基準を下回る場合は、以後教室等の環境に変化が認められない限り、次回からの検査について省略することができる規定を設けた。
2．飲料水等の水質及び施設・設備に係る学校環境衛生基準関係
　有機物等の検査項目から「過マンガン酸カリウム消費量」を削除し、「有機物（全有機炭素（TOC）の量)」のみとした。
3．学校の清潔、ネズミ、衛生害虫等及び教室等の備品の管理に係る学校環境衛生基準関係
　検査項目から、「机、いすの高さ」を削除した。
4．水泳プールに係る学校環境衛生基準関係
　総トリハロメタンの検査について、プール水を1週間に1回以上全換水する場合は、検査を省略することができる規定を設けた。
5．日常における環境衛生基準に係る学校環境衛生基準関係
　1の（1）に準じ、温度の基準を見直した。

2．なぜ、改正が行われたのですか。

学校環境衛生基準の一部改正において、文部科学省は、文部科学省初等中等局長通知（29文科初第1817号　平成30年4月2日）を発出し、次のような留意事項を示しています。

第2　改正に係る留意事項

1　温度の基準について

　温度の基準については、健康を保護し、かつ快適に学習する上で概ねその基準を遵守することが望ましいものであることに留意すること。

　温熱環境は、温度、相対湿度、気流や個人の温冷感等により影響されやすいものであることから、教室等の環境の維持に当たっては、温度のみで判断せず、その他の環境条件及び児童生徒等の健康状態を観察した上で判断し、衣服による温度調節も含め適切な措置を講ずること。

2　浮遊粉じんの検査について

　教室等の環境の変化とは、浮遊粉じんが生じ得るような教室内外の環境の変化をいい、変化が認められる場合は、検査を行う必要があること。

3　机、いすの高さの検査について

　机、いすの高さについては、毎学年1回定期に適合状況を調べるより、児童生徒等の成長に合わせ、日常的に個別対応する方が適切であることから、本基準の検査項目から削除したものであること。

　このことを踏まえ、学習能率の向上を図るため、日常的に、机、いすの適合状況に配慮し、疲労が少なく、生理的に自然な姿勢を保持できるような机、いすを配当する必要があること。

4　学校環境衛生管理マニュアルについて

　学校における定期検査及び日常における環境衛生に関する点検の円滑な実施の一助となるよう、検査方法の詳細や留意事項等を示した「［改訂版］学校環境衛生管理マニュアル」（平成22年3月文部科学省）について、今回の改正を踏まえ、改訂する予定としていること。

第3　学校環境衛生活動に係る留意事項

1　学校の設置者の責務について

　学校の設置者においては、学校環境衛生活動が適切に実施されるよう、学校保健安全法（昭和33年法律第56号。以下「法」という。）第4条の規定に基づき、当該学校の施設及び設備並びに管理運営体制の整備充実その他の必要な措置を講ずるよう努められたいこと。

　なお、「施設及び設備並びに管理運営体制の整備充実」については、例えば、検査器具など物的条件の整備、学校環境衛生検査委託費の財政措置等が考えられること。

　また、学校の環境衛生に関し適正を欠く事項があり、改善措置が必要な場合において、校長より法第6条第3項の申出を受けた場合は、法第6条第2項を踏まえて適切な対応をとるよう努められたいこと。

第2部　学校環境衛生基準

第2章

教室等の環境に係る
学校環境衛生基準

1　換気及び保温等

　換気及び保温等の項目は、換気、温度、相対湿度、浮遊粉じん、気流、一酸化炭素、二酸化窒素、揮発性有機化合物、ダニ又はダニアレルゲンがあり、それぞれの基準値、検査回数、検査方法、検査場所は、次の通りです。

換気及び保温等

項目	基準値	検査回数	検査方法（同等以上）	検査場所
（1）換気（二酸化炭素）	1500ppm 以下（望）	2回／年	検知管法	授業中等に、各階1以上の教室等の机上の高さにおいて検査
（2）温度	17℃以上、28℃以下（望）		0.5度目盛温度計	
（3）相対湿度	30%以上、80%以下（望）		0.5度目盛乾湿球湿度計	
（4）浮遊粉じん（省略可）	0.10mg/m^3 以下		Low-Volume Air Sampler 法または相対濃度計	
（5）気流	0.5m/秒以下（望）		0.2m/秒以上測定可の風速計	
（6）一酸化炭素（省略可）	10ppm 以下		検知管法	
（7）二酸化窒素（省略可）	0.06ppm 以下（望）		ザルツマン法	
（8）揮発性有機化合物（省略可）　ホルムアルデヒド	100μg/m^3 以下	1回／年　温度（湿度）が高い時期	ジニトロフェニルヒドラジン誘導体固相吸着／溶媒抽出法採取、高速液体クロマトグラフ法	普通教室、音楽室、図工室、コンピュータ教室、体育館等必要と認める教室において検査
トルエン	260μg/m^3 以下	必要と認める場合　温度（湿度）が高い時期	固相吸着／溶媒抽出法、固相吸着／加熱脱着法、容器採取法採取、ガスクロマトグラフー質量分析法	
キシレン	200μg/m^3 以下			
パラジクロロベンゼン	240μg/m^3 以下			
エチルベンゼン	3800μg/m^3 以下			
スチレン	220μg/m^3 以下			
（9）ダニ又はダニアレルゲン	100匹／m^{2}以下又はこれと同等のアレルゲン量以下	1回／年　温度（湿度）が高い時期	顕微鏡計数法、酵素免疫測定法	保健室の寝具、カーペット敷の教室等において検査

（望）：望ましい
【備考】検査の省略等について
検査項目（4）及び（5）については、空気の温度、湿度又は流量を調節する設備を使用している教室等以外の教室等においては、必要と認める場合に検査を行う。
検査項目（4）については、検査の結果が著しく基準値を下回る場合（基準値の1／2以下）には、以後教室等の環境に変化が認められない限り、次回からの検査を省略することができる。
検査項目（6）及び（7）については、教室等において燃焼器具を使用していない場合に限り、検査を省略することができる。
検査項目（8）については、ホルムアルデヒドにあっては高速液体クロマトグラフ法により、トルエン、キシレン、パラジクロロベンゼン、エチルベンゼン、スチレンにあってはガスクロマトグラフー質量分析法により測定した場合に限り、その結果が著しく基準値を下回る場合（基準値の1／2以下）には、以後教室等の環境に変化が認められない限り、次回からの検査を省略することができる。

1. 換気とは、どのようなものですか。また、その方法には、どのようなものがありますか。

換気とは、室内の空気を清浄な外気と入れ換えることをいい、機械換気と自然換気があります。機械換気は、第1種換気から第3種換気まであります（図2-2-1、表2-2-1）。自然換気は、窓等を開放し、室内外の温度差を利用して行うもので、この自然換気を第4種換気といいます。

現在、建築基準法においては、すべての建築物に機械換気設備を設置するよう義務付けています。

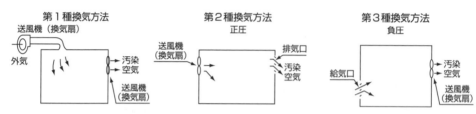

図2-2-1　機械換気設備の種類と方法

表2-2-1　機械換気の種類と方法

種類	方法
第1種	給気側と排気側に送風機を設けて換気するもの。給気量や排気量を適切に調節できるため、室圧の調整や気流分布制御を行うことができる。
第2種	給気側に送風機を設け、室内を正圧に保ち、排気は適切な排気口を設け、正圧になった分だけ、排気するもの。
第3種	排気側に送風機を設け、室内を負圧にし、給気は給気口を設け、負圧分だけ、給気するもの。便所、浴室等に用いる。

換気の指標は、二酸化炭素（CO_2）を測定することによって評価します。二酸化炭素濃度の基準は、1,500ppm以下が望ましいとされています。しかし、例えば、教室内の二酸化炭素濃度が2,000ppmと1,000ppmでは1,000ppmの教室の方が換気がよいといえますが、これには同じ教室の在室者数は同じという条件が必要です。換気の判定には、在室者に対する外気の供給量が十分かどうかを考慮する必要があります。

2. 新型コロナウイルスの感染予防のためには、学校は、どのように対応すればよいですか。

新型コロナウイルスの感染症は、飛沫感染により感染するケースが多いため、厚生労働省は、いわゆる「3密」を避けるよう、提案しています。

3密とは、①密閉、②密集、③密接、です。

具体的には、他の人と十分な距離をとる（2m以上）、窓やドアを開けこまめに換気する、会話す

るときや外出時はマスクをつける、などです。
　また、外出から帰ったら手洗いやうがいをするなど、こまめな手洗いやうがいをすすめています。
　学校においてもこれらの対応を十分にする必要があります。
　換気は、学校環境衛生基準に二酸化炭素濃度を1,500ppm以下として、換気の重要性を指摘しています。換気の方法は、Q1に示しています。第1種換気が一番有効ですが、冬季などの寒い場合は、教室に全熱交換型の換気扇を設置したり、教室の廊下側の窓やドア、欄間などを開けることで、1,500ppm以下を維持することも可能です。
　政府の新型コロナウイルス感染症対策分科会では、マスクを伴わない飲食を前提としている飲食店等の場合には、1,000ppm以下が望ましとされており、昼食時には換気を強化するなど、児童生徒の活動の態様に応じた換気をしてください（学校における新型コロナウイルス感染症に関する衛生管理マニュアル～「学校の新しい生活様式」～2020.12.3Ver.5：文部科学省）。
　また、「機器による二酸化炭素濃度の計測、十分な換気ができているか心配な場合には、換気の指標として、学校薬剤師の支援を得つつ、CO_2モニターにより二酸化炭素濃度を計測することが可能です」（学校における新型コロナウイルス感染症に関する衛生管理マニュアル～「学校の新しい生活様式」～2020.12.3Ver.5：文部科学省）としています。
　新型コロナウイルス感染症の流行に伴い、換気の重要性が改めて見直されるようになり、文部科学省は、「令和2年度第3次補正予算」において、"学校の感染症対策等支援"として、教室における3密対策として換気を徹底するためのサーキュレーターやCO_2モニター等の購入経費を挙げています。

3．二酸化炭素はどのように測定すればよいですか。

基準においては、二酸化炭素の測定方法は「検知管法により測定又はこれと同等以上の方法」によって行います。
　同等以上の測定法には、非分散型赤外線吸収法（NDIR）、固体電解質型二酸化炭素ガスセンサ法、水酸化バリウム法（日本薬学会協定法）、簡易定量法（日本薬学会協定法）、ガス干渉法等があります。実用的な方法と特徴を表2-2-2にまとめました。

表2-2-2　同等以上の測定法の種類と特徴

測定方法の種類	操作の便	精度
非分散型赤外線吸収法	簡便、連続測定が可能	良好
固体電解質型二酸化炭素ガスセンサ法	簡便、連続測定が可能	良好

図2-2-2 検知管法（㈱ガステック製）

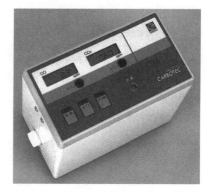
図2-2-3 非分散型赤外線吸収法（NDIR）
（㈱ガステック製）

Q 4．検知管法による二酸化炭素の測定法を教えてください。

A　検知管を用いた二酸化炭素の測定法は、次の通りです。

1）空気漏れの確認
（1）未使用の二酸化炭素用検知管を取付口ゴム管に取り付ける。
（2）ハンドルを完全に押し込み、ガイドマークを合わせる。
（3）ハンドルを引いて1分放置する。
（4）ハンドルに指をかけ、左右どちらかに90度廻し、ロックを解除する。
（5）空気漏れがなければハンドルが元の位置にもどる。ハンドルが元の位置に戻らなければ空気漏れがあるので、メンテナンスを実施後再度空気漏れ検査を行う。

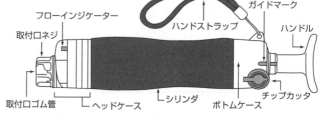
図2-2-4 気体採取器（光明理化学工業㈱製）

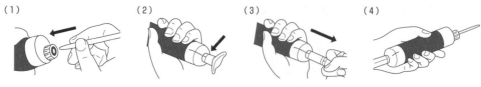
(1)　(2)　(3)　(4)

2）測定
（1）検知管の両端ををチップカッタで切り取る。
（2）検知管を矢印の方向に合わせて採取器に取り付ける。
（3）ハンドルを完全に押し込み、ガイドマークを合わせる。
（4）ハンドルを引いてインジケーターが突出するまで待機する。（終了まで2分）
（5）桃色と黄色の境界の濃度を読み取る。※製造会社により色調は異なる。

Q 5．二酸化炭素を検知管法以外で簡単に測定する方法を教えてください。

　学校環境衛生基準は、「1の学校環境衛生基準の達成状況を調査するため、次表の左欄に掲げる検査項目ごとに、同表の右欄に掲げる方法又はこれと同等以上の方法により、検査項目（1）～（7）及び（10）～（12）については、毎学年2回、検査項目（8）及び（9）については、毎学年1回定期に検査を行うものとする。」とあり、学校環境衛生基準に示している方法以外に、「同等以上の方法」による測定を認めています。

　文部科学省が作成している「学校環境衛生管理マニュアル―学校環境衛生基準の理論と実践」（平成30年度改訂版）にも、同等以上の例として「非分散型赤外線ガス分析計（記録計付きの機器では自動測定も可能）を用いて測定する。この場合、定期的に較正ガスを用い精度管理を実施するほか、センサーや電源である電池の寿命を考慮し、定期的にメーカーの点検を受けること。」と記されています。

POINT

　一般社団法人東京都学校薬剤師会は、学校環境衛生の簡易検査法の研究に取り組んでいます。そのひとつに、二酸化炭素の測定があります。

　市販の二酸化炭素測定器（非分散型赤外線吸収法〈NDIR〉）があります。例えば、インターネットで検索すると、1万円から2万円程度の安価な測定器が販売されています。これらも、次に示すように検知管法と良好な相関を示しており、検査の都度、外気の二酸化炭素を測定して補正をすれば十分使用できます。むしろ、検知管より精度よく測定できます。

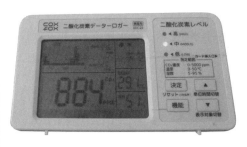

図2-2-5　二酸化炭素簡易測定器

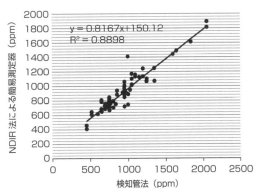

図2-2-6　NDIRによる簡易測定法と検知管法による二酸化炭素濃度の比較（n=64）

6．二酸化炭素の健康への影響を教えてください。

二酸化炭素は無色無臭の気体です。大気の清浄度によって多少の差があります。大気中の二酸化炭素濃度は、300ppmから400ppm程度です（東京都ではそれより高く、450ppmとなっています）。

教室内に児童生徒が多いと、呼気により二酸化炭素濃度が高くなります。体臭や温度、相対湿度、浮遊粉じんも高くなります。二酸化炭素濃度と室内空気の汚染度とは必ずしも比例するものではありませんが、室内空気の清浄度の指標（揮発性有機化合物は除く）としています。二酸化炭素の濃度と体への影響については、表2-2-3の通りです。

表2-2-3　二酸化炭素の許容濃度と人体影響

濃度（ppm）	許容濃度と人体影響	摘要	法令
700	多数長時間在室する場合の許容濃度（Pettenkoferの説）	二酸化炭素の人体影響ではなく、空気の物理的、化学的性状が二酸化炭素の増加に比例して悪化すると仮定したとき、汚染の指標としての許容を意味する	
1,000	一般の場合の許容濃度（Rietschelの説）		建築物衛生法
1,500	換気計算に使用される許容濃度（Rietschelの説）		学校保健安全法
2,000～5,000	相当不良と認められる		
5,000以上	最も不良と認められる		労働安全衛生法 事務所衛生基準規則

7．教室の温度・相対湿度の測定にアスマン通風乾湿計を使用していますが目盛りが細かく、見えにくいと思う人が増えてきました。また、運搬にも不便を感じています。デジタルに変えているところも多いようなので変更したいと考えています。特に問題はないですか。

学校環境衛生基準では、温度及び相対湿度の測定は0.5度目盛の温度計及び乾湿球湿度計を用いて測定することとしています。また、同等以上の方法も使用可能です。

計量法によると、温度計は0.5度目盛で許容誤差は±0.5℃としています。建築物衛生法では、温度、相対湿度の測定は、0.5度目盛の温度計、乾湿球湿度計またはこれと同程度以上の性能を有する測定器と同施行規則で規定しています。

これと同等以上の測定法には、表2-2-4に示すような方法があります。

表2-2-4　同等以上の測定器と測定法

測定器	測定法
熱放射（赤外線）温度計	物体の温度を測るもので、物体から放射している赤外線の量で温度測定ができ、非接触測定が可能。例えば、空調吹出し口からの冷暖房の温度や、蛍光灯、窓ガラスの温度等、広範囲に測定できる。
熱電気温度計	違う種類の金属を電気的に接続し両端に温度差を与えると熱起電力によって電流が流れる。この熱電気を利用したもので鉄鋼、原子力発電、石油精製等で使用されている。
電気抵抗温度計（サーミスタ温度計）	温度変化にほぼ比例して金属の電気抵抗が変化する性質を応用したもので、測温部を構成する抵抗体の抵抗値を測定して温度を測る。
液体膨張温度計（アスマン通風乾湿計、オーガスト寒暖計、体温計）	液体が温度変化により膨張、収縮する性質を応用したもので、構造が簡単、安価なので広く使用されている。
圧力温度計	温度計内部の圧力変化により受圧部のブルドン管が変化する現象を利用したもので、簡単な構造で丈夫であり、電気を使わないので安全性が高く、プロセス設計に用いられている。

図2-2-7　サーミスタ温湿度計（リオンテック㈱製）

図2-2-8　アスマン通風乾湿計

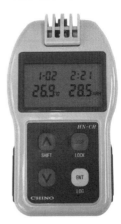
図2-2-9　半導体／高分子静電容量式温湿度計（リオンテック㈱製）

8．新型コロナウイルスの感染を防止するために学校に二酸化炭素モニターとサーキュレーターが、教育委員会から送られてきましたが、どのように設置すればよいのでしょうか。

　　新型コロナウイルス感染症対策専門家会議の「新型コロナウイルス感染症の見解」（令和2年3月9日及び3月19日公表）によると、これまで集団感染が確認された場所で共通するのは、①換気の悪い密閉空間、②多くの人が密集していた、③近距離（互いに手を伸ばして届く距離）での会話や発声が行われた、という3つの条件であるとしています。

　このため、学校においては、「密閉」「密集」「密接」を避けるよう指導しています。その対策の一つとして各教育委員会等でも二酸化炭素モニターやサーキュレーターなどを学校に配布しているところがあります。

　これらを有効に活用するため、東京都教育委員会は「サーキュレーター」及び「CO_2測定器」の使用上の注意点（令和3年9月7日付都立学校教育部）を作成しています。

　これによれば、サーキュレーターは「通常の換気時や気象により窓開けが困難な場合に教室内の

換気の補助として、空気の流れを作る」としています。このため、サーキュレーターは教室の隅に設置し、空気の流れを作り、停滞箇所がないように設置します。換気のためには、全熱交換型換気扇の使用や窓開けを行います。サーキュレーターだけでは換気は行われません。

サーキュレーター使用時の教室のCO_2変化の例（上記使用上の注意点に記載）を図に示します。

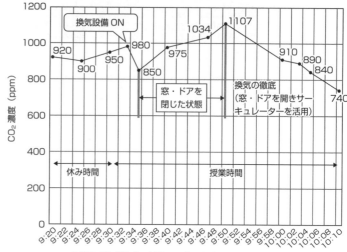

（参考1）CO_2濃度の変化

1教室（約67m²、室温27.5℃、湿度50%）38人使用

換気ができているかどうかはCO_2モニターを使用することによって評価できます。CO_2濃度は常に1000ppmを超えることがないようにしましょう（外気に近いのがよい）。CO_2モニターは、時々外気を測定し450ppm（東京都）前後を示すことを確認しましょう。

また、CO_2モニターはあくまで目安として使用しましょう。時々CO_2検知管と比較して、大きな値のずれがないことを確かめましょう。

Q9．学校環境衛生基準にある「浮遊粉じん」とは、どのようなものですか。

浮遊粉じんとは、粒径10μm（1μm〈マイクロメートル〉＝1mmの1000分の1）以下で空中に浮遊している粒子をいいます。発生源は、天然と人工源があります。人工源としては、物の燃焼によるばいじん、物の機械的処理や堆積物の飛散による粉じん、大気中の二酸化硫黄、二酸化窒素から二次的に生成した硫酸ミスト、硝酸ミスト等があります。タバコの煙等も測定されてしまいます。

粒径10μm以下の粒子は、沈降速度が小さいため大気中に比較的長期間滞留します。また、そのほとんどが気道または肺胞に沈着し、人の健康上有害な影響を与えます。

しかし、測定される物質が、どのような有害物質を含んでいるか分からないため、その数値だけで健康影響を評価することは困難です。

図2-2-10　デジタル粉じん計LD-5R型（柴田科学㈱製）

学校環境衛生基準においては、0.10mg/m³以下となっています。建築物衛生法においては、0.15mg/m³以下となっています。教室内における浮遊粉じんとして、タバコの煙、チョークの粉や土由来のほか、外気に由来するものが考えられます。大気汚染防止法においては、浮遊粉じんのうち、粒径が10μm以下のものを浮遊粒子状物質といいます。大気汚染防止法における環境基準は、現在までに得られた知見をもとに、呼吸器系器官に対する長期的影響及び短期的影響を考慮し、次の２つの値のどちらも満たすものとされています。

> （１）　連続する24時間における１時間値の平均値：0.10mg/m³
> （２）　１時間値：0.20mg/m³

PM2.5については、環境省では、都道府県等の自治体が住民に対して注意喚起をするための「暫定的な指針となる値」として、「１日平均値70μg/m³」を示しています。

標準の測定法は、Low-Volumeエアーサンプラーによる重量法、または、これと相関性のある（Ｋ値で補正された）相対濃度計で測定します。しかし、学校現場では簡便な相対濃度計（通常デジタル粉じん計と呼ばれる測定器）で測定されます。

10．PM2.5とはどのようなものですか。

PM2.5（particulate matter）とは、大気中に浮遊する粒径が2.5μm以下の粒子です。成分は、炭素、硝酸塩、硫酸塩、アンモニウム塩、その他、ケイ素、ナトリウム等の無機元素です。

PM2.5の発生源は１次生成粒子としては、ボイラー、焼却炉、自動車、船舶、航空機、喫煙、調理等があり、２次生成粒子は、火力発電所、工場、自動車、船舶等の燃料燃焼から排出するSOx、NOx、溶剤・塗料の使用時等から排出されるVOCs（揮発性有機化合物）等が大気中で太陽光やオゾンと反応して生成します。

PM2.5の健康影響は、呼吸器系や循環器系への影響が考えられ、小児や高齢者等は低い濃度でも健康影響が生じる可能性は否定できません。

環境省は、１日平均値70μg/m³と暫定指針値を定めています。しかし、今後新たな知見やデータの蓄積等を踏まえて、必要に応じて見直しを行うとしています（環境省「微小粒子状物質（PM2.5）に関する専門家会合より」平成25年２月）。

暫定指針値（70μg/m³）を超えた場合は、屋外での長時間の激しい運動や外出をできるだけ減らす等、注意が必要です。屋内においても換気や窓の開閉を必要最小限にする等、外気の屋内への侵入をできるだけ少なくする必要があります。１時間平均値が85μg/m³を１日のうち早めの時間帯で超えた場合は、都道府県等が注意喚起を行うことを推奨しています。

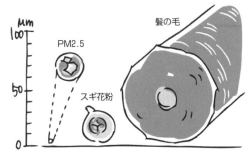

図２−２−11　粒子の大きさ

PM2.5に関する情報は、環境省ホームページの「微小粒子状物質（PM2.5）に関する情報」サイト（http://www.env.go.jp/air/osen/pm/info.html）のほか、全国の自治体の関連情報サイトや国立環境研究所のサイト等にあります。現在の濃度に関する情報は、地方自治体が全国700カ所以上（平成30年８月現在）でPM2.5の常時監視（モニタリング）を実施しており、大気汚染物質広域監視システム「そらまめ君」（http://soramame.env.go.jp/）や自治体のPM2.5関連の情報サイト等で速報値が公表されています。

11. 浮遊粉じんの測定にあたって、デジタル粉じん計では、PM2.5を測定できますか。

デジタル粉じん計（柴田科学㈱製、図２−２−10）LD-5R型の採気口を、PM2.5用の採気口に換えることによって測定できます。LD-3Rは校正できないので、LD-5Rに替えてください。

12. PM2.5を防除するために、マスクの着用は有効ですか。また、空気清浄機によって除去できますか。

一般用マスク（不織布のマスク等）は、ある程度の効果は期待できます。医療用や産業用の防塵マスク（N95[*1]やDS1[*2]以上の規格のもの）は効果がありますが、着用すると少し息苦しい感じがあるので、長時間の使用には向いていません。
　空気清浄機の性能については、製品表示や販売店・メーカーに確認する必要があります。

　　　　　　　　　　＊１：米国の規格に基づきNIOSH（米国労働安全衛生研究所）が認定したマスク。
　　　　　　　　　　＊２：労働安全衛生法に基づく国家検定規格に合格したマスク。

13. 浮遊粉じんの測定は、「検査の結果が著しく基準値を下回る場合には、以後教室等の環境に変化が認められない限り、次回からの検査を省略することができる。」となっていますが、どの程度であれば省略することができますか。

「学校環境衛生管理マニュアル」（平成30年度改訂版）に「著しく基準値を下回る場合とは、基準値の１／２以下とする」と明記されました。したがって、0.05mg/m^{3}以下になった場合、以後教室等の環境に変化が認められない限り、次回から検査を省略することができます。

POINT

浮遊粉じんが、基準値（0.10mg/m³）を超えることはまずないと考えられます。以前は、学校で喫煙をしている教職員がいたため、タバコの煙の中の浮遊粉じんが計測値に影響を与え、基準を超えることがあったのですが、現在学校内は禁煙になっているので、問題はありません。いずれにしても、かなりの学校において省略することができるでしょう。

なお、揮発性有機化合物の「著しく基準値を下回る場合」も基準値の1／2以下です。

14. 気流の測定法は、「0.2m/秒以上の気流を測定することができる風速計を用いて測定する。」となっていますが、どのような測定器がありますか。

熱線式微風速計やカタ温度計が使用できます。しかし、カタ温度計は、湯を持ち歩かなければならないことや、高温用と低温用を周囲の温度によって使い分けなければならないこと、時間がかかること等から最近は使用されなくなってきています。図2-2-12のような熱線式微風速計を用いての測定が主流になりつつあります。

図2-2-12　熱線式微風速計（日本カノマックス㈱製）

15. 一酸化炭素濃度が基準値を超えると人体にどのような影響がありますか。

一酸化炭素の性状は、空気とほぼ同じ重さ（比重〈空気を1としたときの重さ〉：0.967）で、無色、無臭、無刺激のため、見分けることが難しい気体です。学校環境衛生基準では10ppm（0.001％）以下となっています。労働安全衛生法に基づく事務所衛生基準規則では、基準値は50ppm以下となっています。

私たちの身体は生きていくために酸素が必要で、呼吸することにより酸素は血液中のヘモグロビン（酸素を運ぶ物質）と結び付き身体に運ばれています。このヘモグロビンは一酸化炭素との結び付きが強く酸素の200～300倍といわれています。そのため、微量であっても一酸化炭素を身体に吸い込むと、酸素を運ぶ量が減るため身体が酸素欠乏状態となり、進行すると死に至ります。

学校では開放型ストーブを使用している場合、注意が必要です。常に換気を励行するようにしてください。

表2-2-5　空気中の一酸化炭素濃度と吸入時間による中毒症状

空気中のCO濃度	吸入時間と中毒症状
400ppm	1～2時間で前頭痛や吐き気、2.5～3.5時間で後頭痛がします。
1,600ppm	20分間で頭痛・めまい・吐き気がして、2時間で死亡
3,200ppm	5～10分で頭痛・めまい、30分間で死亡
12,800ppm	1～3分間で死亡

（ガス警報器工業会HPをもとに筆者作成）

16. 一酸化炭素の測定は、どのようにすればよいですか。また、「教室等において燃焼器具を使用していない場合に限り、検査を省略することができる。」となっていますが、どのような場合ですか。

　　一酸化炭素の測定は、検知管法で行います。換気における二酸化炭素の測定法と同じですが、検知管が違います。検知管の形状は同じですが、㈱ガステック製では1LC（1～30ppm）、光明理化学工業㈱製では106SC（1～50ppm）という形式を使用するとよいでしょう。

　その他、定電位電解式測定器、非分散型赤外線吸収測定器（NDIR）があります。測定回数は毎学年2回です。燃焼器具を使用していないときは測定を省略できるとしていますが、「学校環境衛生管理マニュアル」（文部科学省平成30年度改訂版）によれば、「具体的には、長期間、燃焼器具により暖房する教室等や給湯器等が置かれた職員室等である。また、教科等において燃焼器具を使用している教室等は、燃焼器具を使用しているときに適宜測定する。」としており、理科室や家庭科室（調理室）等においてガスバーナーやガスコンロ等を使用している場合は、検査をする必要があるので、実際に省略できることは少ないと考えられます。これは、二酸化窒素も同様です。

17. 二酸化窒素の測定方法、毒性について教えてください。

　　二酸化窒素（NO₂）は、ザルツマン法により測定、又は、同等以上の方法で測定します。

　ザルツマン法の測定では、ザルツマン試薬を使用します。ザルツマン試薬に二酸化窒素を含む空気を通すと、二酸化窒素は亜硝酸となりアゾ色素をつくり発色します。NOxを測定する場合には、資料空気中の一酸化窒素（NO）を過マンガン酸カリウム（KMnO₄）で酸化すると二酸化窒素となります。この発色を比色計で前後の二酸化窒素の量を測定します。比色にはあらかじめ作成した検量線を使用します。

　ザルツマン法では、このように移動、手間、技術等が必要なので、学校環境の測定には、現在はほとんど使われていません。

図2-2-13　試験紙光電光度法二酸化窒素測定器FP-31B（リオンテック㈱製）（ホルムアルデヒド二酸化窒素両用検知器）

同等以上の測定法には表2-2-6のような方法があります。学校においては、一般に、簡便で安価な検知管法が使用されます。

表2-2-6　同等以上の測定法

測定法	原理	特徴
電気化学式定電位電解法（大気汚染測定の標準法）	試料大気にオゾンを反応させると、一酸化窒素から励起状態の二酸化窒素が生じ、これが基底状態に戻るときに光を発する（化学発光）。この化学発光の強度を測定することにより測定できる。	連続測定が可能 機械が高価
試験紙光電光度法 FP-31B（TABを交換して測定可能）	発色剤を含浸させた特殊試験紙が検知TABに組み込まれている。ガスを吹き付けると発色し、この発色の度合いを光の反射光量としてとらえ、この強度の変化率をガス濃度に対する応答値とする。応答値から濃度を決定する。	簡易法 機械が安価
検知管法（電動吸引式）	二酸化窒素により3,3,5,5-テトラメチルベンゼンが酸化され橙褐色を呈する。	簡易法 安価

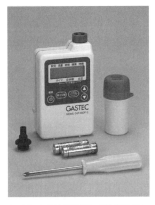

図2-2-14　電動吸引器（㈱ガステック製）　　図2-2-15　二酸化窒素用検知管9Pとザルツマン法との相関

二酸化窒素は、学校等では開放型燃焼器具を使用すると発生し、高濃度になると呼吸器、皮膚や眼への刺激があります。また、二酸化窒素は酸性雨や光化学オキシダントの原因物質として知られています。

室内では暖房器具・調理器具を燃焼した場合は高濃度で発生するので、これらの器具の排ガスを室内に放出しないことが大切で、換気に配慮する必要があります。

室内濃度を測定するときには同時に外気濃度の測定をしてI（外気）／O（室内）比を求めて、O（室内）がI（外気）より小さいことを確認してください。

表2-2-7は二酸化窒素の各種基準です。

表2-2-7　二酸化窒素の各種基準値

	法律等	基準値	備考
一般環境	学校環境衛生基準（室内）	0.06ppm	燃焼器具使用
	大気汚染に係る環境基準	0.04〜0.06ppm、又はそれ以下	1時間値の1日平均値
	WHO Air Quality	200$\mu g/m^3$ 40$\mu g/m^3$	1時間平均値 1年間平均値
	米国大気環境基準（NAAQS）	100$\mu g/m^3$ (0.053ppm)	1年間平均値
労働環境	ACGIH TLV	3 ppm	
	日本産業衛生学会許容濃度	検討中	

18. 二酸化窒素の簡易測定でタブ（本体）が低温のため凍ってしまい測定ができません。どうすればよいですか。

　　測定可能温度はマイナス10℃からですが、暖かい場所から寒い場所等、寒暖の差があると本体回路が誤作動を起こし、エラーブザーが鳴ります。寒暖の差（6℃程度）が生じる場合は、室内等のあたたかい場所に30分程度慣らしてから測定を行ってください。

19. ホルムアルデヒド（HCHO）は、どのような物質ですか。

　　ホルムアルデヒドは、有機化合物の一種で、毒性は強く、酸化メチレンとも呼ばれます。揮発性有機化合物の代表的な物質です。接着剤、塗料、防腐剤等の成分であり、安価なため建材に広く用いられています。

　日本ではいわゆる「シックハウス症候群」の対策として、現在、建築基準法によりホルムアルデヒドを放散する建築材料の使用に制限が設けられています。建築材料には、放散量によって制限を受けない低放散量のF☆☆☆☆（「F」はホルムアルデヒド、「☆」の数が多いほどより放散が少ないことを意味しており、最も少ないものが「F☆☆☆☆」）から、内装への使用に制限を受けるF☆☆までのランクがあり、ランク外の物は内装仕上げには使用できません。また、天井裏等にはF☆☆以下は使用できなくなっています。

　居室内の気中濃度としてWHOや厚生労働省により、0.08ppmの指針値が設けられています。

20. ホルムアルデヒド等揮発性有機化合物は、どのようなものから発生しますか。また、発生源における規制はありますか。

　　ホルムアルデヒドは、建築材料の合板、フローリング材、壁紙、接着剤、断熱材、塗料等、多くの材料から発生します。そのため、建築材料を第1種から第3種とそれ以外に区分し、使用を制限して、室内の濃度が高くならないよう、建築材料及び換気設備の規制を行っています（建築基準法、同施行令、告示）。

表2-2-8 建築材料の区分と内装仕上げの制限（改正建築基準法）

告示で決める建材		ホルムアルデヒドの発散速度	内装仕上げの制限
名称	規格（JIS, JAS）		
第1種ホルムアルデヒド発散建築材料	表示不可	0.12mg/m²h 超	使用禁止
第2種ホルムアルデヒド発散建築材料	F☆☆	0.02mg/m²h 超 0.12mg/m²h 以下	使用面積を制限
第3種ホルムアルデヒド発散建築材料	F☆☆☆	0.005mg/m²h 超 0.02mg/m²h 以下	
（規制対象外建材）	F☆☆☆☆	0.005mg/m²h 以下	使用制限なし

21. 揮発性有機化合物の測定方法と毒性について教えてください。

揮発性有機化合物（Volatile Organic Compounds：VOCs）の検査は、毎学年1回定期に行います。揮発性が高いため、夏の高温時に検査をします。普通教室、音楽室、図工室、コンピュータ教室、体育館等、必要と認める教室において検査を行います。

揮発性有機化合物は、児童生徒等がいない教室等において、30分以上窓を開けて換気をした後、5時間以上密閉してから室内空気を採取し、拡散方式の場合ホルムアルデヒドは、高速液体クロマトグラフ法により、トルエン、キシレン、パラジクロロベンゼン、エチルベンゼン、スチレンはガスクロマトグラフ－質量分析法により測定します。

高速液体クロマトグラフ法及びガスクロマトグラフ－質量分析法の場合に限り、その値が著しく基準値を下回る場合には、以降教室等の環境に変化が認められない限り、次回からの検査を省略することができます。この著しく基準値を下回る場合とは、基準値の半分以下としています。

キシレン、パラジクロロベンゼン、エチルベンゼン、スチレンは、必要と認める場合に検査を行います。

揮発性有機化合物の基準値及び毒性、用途は、表2-2-9の通りです。

表2-2-9 揮発性有機化合物の基準値、毒性、用途

	揮発性有機化合物	基準値	毒性・用途
ア	ホルムアルデヒド	100μg/m³ 以下	ヒト曝露における鼻咽頭粘膜への刺激がある。合板、家具等の接着効果を高めるため使用される。
イ	トルエン	260μg/m³ 以下	ヒト長期曝露における神経行動機能及び生殖発生への影響がある。塗料の希釈剤として使用され、塗装後には注意が必要である。
ウ	キシレン	200μg/m³ 以下	妊娠ラット曝露における出生児の中枢神経系発達への影響がある。ガソリン等のアンチノック剤で使用されるが、家具類の接着剤にも使用される。
エ	パラジクロロベンゼン	240μg/m³ 以下	ビーグル犬曝露における肝臓、腎臓への影響がある。防虫剤に使用される。
オ	エチルベンゼン	3,800μg/m³ 以下	マウス及びラットにおける吸入曝露に関する知見から、肝臓、腎臓に影響を及ぼさないと考えられる無作用量である。ガソリン、接着剤、塗料にも使用される。
カ	スチレン	220μg/m³ 以下	ラットにおける吸入曝露に関する知見から、肝臓、腎臓に影響を及ぼさないと考えられる最小毒性量である。ポリスチレン樹脂、合成ゴム、合成樹脂等に使用される。

厚生労働省が示している室内濃度指針値は、表2-2-10の通りです。

表2-2-10　厚生労働省揮発性有機化合物室内濃度指針値（平成31年1月17日現在）

揮発性有機化合物	基準値（25℃）
1．ホルムアルデヒド	100μg/m³（0.08ppm）
2．トルエン	260μg/m³（0.07ppm）
3．キシレン	200μg/m³（0.05ppm）
4．パラジクロロベンゼン	240μg/m³（0.04ppm）
5．エチルベンゼン	3800μg/m³（0.88ppm）
6．スチレン	220μg/m³（0.05ppm）
7．クロロピリホス	1μg/m³（0.07ppb）、小児の場合は0.1μg/m³（0.007ppb）
8．フタル酸ジ-n-ブチル	17μg/m³（1.5ppb）
9．テトラデカン	330μg/m³（0.04ppm）
10．フタル酸ジ-2-エチルヘキシル	100μg/m³（6.3ppb）
11．ダイアジノン	0.29μg/m³（0.02ppb）
12．アセトアルデヒド	48μg/m³（0.03ppm）
13．フェノブカルブ	33μg/m³（3.8ppb）
14．総揮発性有機化合物（TVOC）	暫定目標値400μg/m³

22．令和3年4月からキシレンの基準が870μg/m³から200μg/m³へと厳しくなりましたが、その経緯を教えてください。

　　キシレンの室内濃度に関する指針値は、厚生労働省が常に調査し、必要があれば改訂しています。最近までのキシレンに関する毒性研究報告について調査したところ、以下のような結論を得ています。

　一般毒性、遺伝子傷害性、生殖発生毒性など毒性評価の結果から、ATSDR（米国毒性物質疾病登録機関）の評価は、様々な毒性評価や疫学調査研究における幾何平均曝露濃度として14ppmにおける平均7年間の曝露条件で観察された不安、健忘、集中力の低下等の影響をLOAEL（最小毒性量）14ppm（61mg/m³）と設定しています。このLOAELに不確実係数100（LOAELの使用10；個体差10）と調整係数3（慢性の神経毒性影響に関する知見の不足）を適用して、慢性、吸入曝露のMRL（許容残留量）が求められました。

14ppm／100／3＝0.05ppm（61／300＝200μg/m³）

　したがって、最近の国際的な評価結果を考慮すると、動物実験結果より算定された耐容気中濃度870μg/m³を採用するより、ヒトにおける長期間曝露の疫学研究によって算出されたMRLに基づき、キシレンの室内濃度に関する指針値を200μg/m³（0.05ppm；25℃における換算値）と設定することが適当とされました。

　（詳細は、「室内空気中化学物質の室内濃度指針値について」厚生労働省：薬生発0117第1号、平成31年1月17日参照）

23. 教室において揮発性有機化合物を測定する場合、ガスの採取方法として、吸引方式と拡散方式がありますが、どう違うのですか。

　　吸引方式（アクティブ法）の場合は、精密ポンプを用い、採取時間は30分間、2回採取し、平均値を測定値とします（空気の採取は、授業を行う時間帯午後2時～3時頃が望ましい）。
　　拡散方式（パッシブ法）の場合は、チューブに充填した捕集剤（対象とする揮発性有機化合物により異なる）を、始業から終業を目安に8時間以上机上面に置き採取します。

24. ホルムアルデヒドの簡易測定器にはどのようなものがありますか。

　　建築物における衛生的環境の確保に関する法律施行規則第3条の2第1号の表の第7号の下欄の規定に基づき厚生労働大臣が別に指定する測定器を定める件（平成15年5月7日厚生労働省告示第204号）には、次のような種類の機種が示されています（最終改訂平成27年3月19日）。

表2-2-11　厚生労働大臣が別に指定する測定器

指定番号	型式	製造者等の名称
1501	FP－30	理研計器株式会社
1502	710	光明理化学工業株式会社
1503	XP－308B	新コスモス電機株式会社
1504	91P	株式会社ガステック
1505	91PL	株式会社ガステック
1506	TFBA－A	株式会社住化分析センター
1601	IS4160－SP（HCHO）	株式会社ジェイエムエス
1602	ホルムアルデメータ htV	株式会社ジェイエムエス
1603	3分測定携帯型ホルムアルデヒドセンサー	株式会社バイオメディア
1604	FANAT－10	有限会社エフテクノ
1901	CNET－A	株式会社住化分析センター
1902	MDS－100	株式会社ガステック
2301	FMM－MD	神栄テクノロジー株式会社
2701	FP－31	理研計器株式会社
2702	713	光明理化学工業株式会社
2703	261S	株式会社ガステック

25. ホルムアルデヒドの簡易測定法を教えてください。

検知管による測定法の例を紹介します。

図2-2-16 ㈱ガステック製VOCsの測定

図2-2-17 チップホルダーにより検知管をカット

1）測定法
（1）ホルムアルデヒドの測定には温度補正が必要なので、温度計を準備します。
（2）検知管を採取装置に取り付けます。
（3）採取装置のスタート／ストップスイッチを2秒間以上押してポンプを稼働させます。200mL/分で30分後に自動的にポンプの作動が停止します。
（4）停止後、検知管を採取装置から取り出します。
（5）検知管の変色部分（淡い桃色）の目盛の値を読みます。
（6）温度補正表の数値で補正し測定値とします。

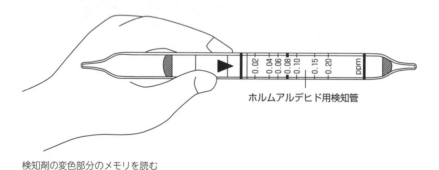

図2-2-18 検知管による測定法

基準のppmをmg/m³へ換算する式は次のとおりです。

$$mg/m^3 = ppm \times \frac{物質の分子量}{22.41} \times \frac{273.15}{273.15 + 温度（℃）}$$

26. ホルムアルデヒド測定において、測定値が基準の1/2以下であれば、次回以降測定を省略できるとありますが、簡易測定でも省略可能ですか。

簡易測定結果での省略はできません。省略ができる測定方法は吸引方式か拡散方式で空気を採取した後、公定法（高速液体クロマトグラフ法）で分析を行ったものに限られます。

27. 学校の改修を行いました。この場合も揮発性有機化合物の測定は必要ですか。

この場合、臨時検査に該当します。学校の改修工事後に測定を行い、検査結果が基準値以下であることを確認したうえで引き渡しを受けてください。机・いす等の備品の入れ替えを行ったとき等もその都度測定が必要となります。

備品等の入れ替えでは、備品がホルムアルデヒド等揮発性有機化合物を含んでいないかどうかを、業者に確かめることも大切でしょう。また、新築及び改修等に当たっては、業者が、揮発性有機化合物の検査を行うよう契約書に明記し、基準以下であることを確認してから引き渡しを受けるようにします。

28. ダニ又はダニアレルゲンを測定する意義は何ですか。また、基準の根拠を教えてください。

近年、児童生徒のアレルギー性疾患が増加しており、その対策が求められています。生活環境の中で気管支ぜんそくやアトピー性皮膚炎、アレルギー性鼻炎等を引きおこす原因物質のひとつにハウスダスト中のダニ（ダニアレルゲン）があげられます。児童生徒は1日の生活の3分の1を学校で送ることから、学校、家庭双方でダニアレルゲンを低レベルに維持することが最も効果的な方法だと考えられます。

ダニアレルゲン量の評価は、1m^2当たりのダニの匹数が100匹以下になると喘息発作が治まったという報告があります。また一般家庭の平均的なダニの匹数は100匹/m^2以下というデータもあります。これらから、学校環境衛生基準では、100匹/m^2以下と定めています。

さまざまな機関が提案しているダニ及びダニアレルゲンの基準を表2-2-12に示します。

ダニ

表2-2-12 ダニアレルゲンの衛生的基準値（素材表面）（平成13年10月データ）

機関	委員会	基準値	日付	備考（出典）
厚生省	快適で健康的な住宅に関する検討会議	ダニ・アレルゲンの衛生的基準値（素材表面） 場所　ダニ数（匹）/m²　糞 ng/m²　備考 畳　　　100以下　　100以下　ワラ床畳の場合 ジュウタン　300以下　　1000以下 床板　　　10以下　　5以下　溝のない床板 布団　　　100以下　　1000以下　羽毛、羊毛以外の布団	平成10年8月	快適で健康的な住宅に関する検討会議報告書
厚生省	厚生科学審議会 —免疫・アレルギー研究事業—	生チリダニ数　100匹以下/m²	平成11年	免疫・アレルギー対策パンフレット
WHO	International Workshop	喘息発作防止　　　　Derp1　10μg以下/g·dust アレルギー感作防止　Derp1　2μg以下/g·dust	1988年	Dust mites allergens and asthma: a worldwide problem International Workshop Report
東京都	東京都学校保健審議会	畳及び布団：100匹/m²以下 じゅうたん：1000匹/m²以下 床　板　　：50匹/m²以下	平成3年7月	健康・安全で明るく活力のある学校生活の具体化を目指す学校環境のあり方と充実のための方策について（答申）
健康住宅普及協会	健康住宅認定審査会	ヤケヒョウヒダニ・コナヒョウヒダニ　100匹/m²以下	1999年度版	健康住宅認定制度設定基準分類2 ダニ対応の1

Q 29. ダニアレルゲンの簡易測定法について教えてください。

A　ダニの匹数を測定するのは、熟練が必要です。学校環境衛生基準に、「100匹/m²以下又はこれと同等のアレルゲン量以下であること。」とあることから、ダニアレルゲン量によって評価する方法があります。代表的なものは、酵素免疫法（ELISA法）ですが、これも、テクニックと高価な機器が必要です。そこで、学校現場においては簡易測定法を使用します。

　ダニアレルゲンには、Del 1（糞体成分）とDel 2（虫体成分）と呼ばれるタンパク質（分子量14,000）があります。簡単な方法としては、マイティチェッカー法（商品名）があります。これは、掃除機で吸引したほこりやごみから緩衝液でアレルゲンを抽出して、スティックの上でクロマト展

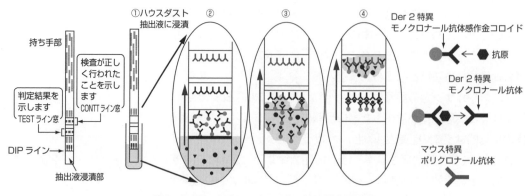

図2-2-19　マイティチェッカー法の基本原理図

開して判定するもので、Del 2 を測定しています。現場で、20分もあれば結果が得られ、判定できます。ELISA 法とも良好な相関が得られているので、現場ではこの方法を用いるとよいでしょう。

また、ダニスキャン（商品名）という測定方法もあります。アレルゲンの捕集法が異なりますが ELISA 法やマイティチェッカー法との相関性が認められています。正確性は、マイティチェッカー法に劣りますが、掃除機を使用しないため、より簡便に検査できます。

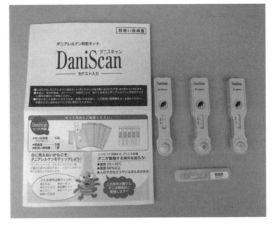

図 2-2-20　ダニスキャン
（アサヒフードアンドヘルスケア㈱製）

30. ダニ及びダニアレルゲンの除去方法について教えてください。

ダニアレルゲン量が基準値以上の場合、電気掃除機による丁寧な掃除を行います。また、ダニは高温多湿の環境を好むため、換気の励行につとめることも大切です。敷布、カバーの洗濯（週１回くらい）、年１回の布団の丸洗いも効果的です。

ダニが布団内に入り込まないようのり付けしたり、メッシュの細かい敷布や布団カバーを使うことも有効です。

2　採光及び照明

人は、情報の87％を視覚から得るといわれています。学校において、物がよく見えるということは、学習能率の向上や安全の確保に欠かせないものです。物がよく見えるためには、（１）明るさ、（２）色、（３）対比、（４）大きさ、（５）動きの５つの条件が必要です。

学校環境衛生基準においては、このうち、照度とまぶしさについて規定しています。

採光及び照明

	検査項目	基準値	検査回数	検査方法	検査場所
採光及び照明	（10）照度	（ア）教室及びそれに準ずる場所の下限値：300 lx（ルクス）。 教室及び黒板：500 lx 以上であることが望ましい。 （イ）教室及び黒板：最大照度 / 最小照度比：20：1を超えない。10：1を超えないことが望ましい。 （ウ）コンピュータを使用する教室等の机上の照度は、500～1000 lx 程度が望ましい。	２回／年	照度計（JIS C 1609） 教室以外の照度は、床上75cm の水平照度を測定。 体育施設及び幼稚園等の照度は、それぞれの実態に即して測定。	教室 教室に準ずる場所 黒板 コンピュータ教室 （タブレット端末を使う教室を含む） 体育施設 その他

		(エ) テレビやコンピュータ等の画面の垂直面照度：100～500 lx 程度が望ましい。 (オ) その他の場所における照度は、JIS Z 9110学校施設の人工照明の照度基準に適合すること。		
	(11) まぶしさ	(ア) 黒板の外側 15°以内の範囲に輝きの強い光源（昼光の場合は窓）がないこと。 (イ) 見え方を妨害する光沢が、黒板面及び机上面にないこと。 (ウ) 見え方を妨害する電灯や明るい窓等が、テレビ及びコンピュータ等の画面に映じていないこと。	2回／年	見え方を妨害する光源、光沢の有無	黒板 教室 机上面 その他

1．黒板の照度の基準は、どのような値を用いればよいですか。

黒板の照度の基準値は、「500 lx 以上であることが望ましい」としか、記述がありません。したがって、500 lx 以上という数値を用いて判定します。JIS Z 9110（2010）においても、板書という項目があり、500 lx 以上となっています。

2．照度計には、どのような種類がありますか。

照度計には、光電池式照度計と光電管式照度計があります。光電管式照度計は、電源が不要であり、使用方法も簡単です。光電池式照度計は、低い照度から高い照度まで測定可能です。近年では、光電池式照度計が主流です。

光電池式照度計の受光部は、白い球体をした部分であり、視感度、斜入射、色温度等が補正されています。また、照度計は、JIS C 1609（2006）により一般型と特殊型に分けられており、一般型は、精密級、AA 級、A 級に分けられています。学校で使用するのは、A 級で十分です。

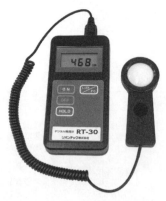

図 2-2-21　一般A級光電池式照度計 RT-30（リオンテック㈱製）

図 2-2-22　一般A級光電池式照度計 CANA-0010（リオンテック㈱製）

3．電子黒板も含め照度の測定方法を教えてください。

照度測定は、毎学年2回行います。一般にわが国では、夏の日中は、日が高く部屋の奥までは日が差し込みません。冬の日中は、日が低く部屋の奥まで光が届きます。季節や気候、遮蔽物の有無等を確認して、適切な時期を選択します。いずれにしても、どのような条件においても、基準値が確保されているかどうかを確認する必要があります。したがって、昼間であれば、カーテンを閉じて、照明を点灯した状態（最低の状態）においても基準値が確保できているかどうかを確認します。

机上面は水平照度、黒板面やテレビ、ディスプレイの画面は、垂直面を測定します。測定位置は、学校環境衛生基準に示されています。

また、白衣等白っぽい着衣は、光の反射によって実際より高く測定される場合があるため、黒っぽい色で光を反射しない衣服を着用します。

電子黒板画面照度の測定はコンピュータを使用する教室の測定に準じます。

電子黒板は、直射日光が当たらず、外からの光や蛍光灯の光の映り込みが少ないところに配置します。電子黒板は、教室を暗くした方が見やすいと思われがちですが、一般に暗い部屋では照度が不足し、目が疲れやすくなると言われています。したがって電子黒板を使う場合でも、教室の電灯を点けるなど、一定の明るさを確保することが眼精疲労防止に有効です。教室の電灯を点けている限り、必要な明るさは確保できていると考えられるので、カーテンを閉めても暗すぎて視力に影響することはありません。さらに詳しく知りたい場合は、文部科学省ホームページ（「児童生徒の健康に留意してICTを活用するためのガイドブック」）を参考にしてください。

4．学校環境衛生基準においては、「その他の場所における照度は、JIS Z 9110学校施設の人工照明の照度基準に適合」と規定していますが、JISにはどのように規定されていますか。

JISの照度基準は、次の①から④の4項目からなっています。

①維持照度（Em）：ある面の平均照度を、使用期間中に下回らないように維持すべき値。
②照度均斉度（Uo）：ある面における平均照度に対する最小照度の比。
③屋内統一グレア評価値（UGR）：1995年に国際照明委員会（CIE）が屋内照明施設のために規定した不快グレア評価方法に基づく値。
④平均演色評価数（Ra）：いかに基準光源による色彩を忠実に再現しているかを指数で表したもの。原則として100に近いほど演色性がよい。

表 2-2-13　JIS における学校の照度基準

	維持照度	照度均斉度	屋内統一グレア評価値	平均演色評価数
製図室	750	—	16	80
被服教室	500	—	19	80
電子計算機室	500	—	19	80
実験実習室	500	—	19	80
図書閲覧室	500	—	19	80
教室	300	—	19	80
体育館	300	—	22	80
講堂	200	—	22	80

POINT

UGR は数値が小さいほどグレアが少ないことを示し、BGI（英国のグレアインデックス法）とほぼ同じ意味を持つとされています。

UGR	グレアの程度
28	ひどすぎると感じはじめる
25	不快である
19	気になる
16	気になりはじめる
13	感じられる

参考文献）屋内作業場の照度基準 JIS Z 9125（2007）

5．LED 照明を測定する照度計はありますか。

　国で決まっていない内容のため、学校環境衛生基準で決まっている JIS C 1609に準拠した照度計を使うことにするのが、現状の管理上はベストだと思います。

　LED 照明の照度管理をするには LED 光の波長まで限定しなければいけないかもしれません。LED には白色光、アクティブ光、電球光等、色々ありますが、いずれの LED 光を使用するとしても従来の照度計を使用する場合は、値が若干ずれると思われますので、本来は補正係数が必要になると思います（トンネルのナトリウムランプの測定時に必要になる係数と同じような係数）。ただ、この LED の補正係数もまだ JIS 等の公的機関で検証試験をしていません。現状は、LED 光源に対する照度測定法の議論が始まっていませんので、現状の決まりごとに則って測定することがある意味大切だと思います。

　白色光タイプで光量を電流制御で調整している LED 照明であれば、照度計の結果が大きくずれることはないと思いますので、今までの測定と同じ測定で照度が保たれていれば大丈夫と考えてよいのではないかと考えています。最近の LED 照明で、光量をパルス幅を変えることによって調整するパルス幅変調調光タイプが出てきているようですが、生体影響という視点で、少し気になります。「光量電流制御の白色光の LED 電球を使用すること」というような約束ごとを簡易的に決めておくことはよいかもしれません。

また、最近、LED照明用照度計なるものが出始めていますが、LED用の機能の部分は公定法ではなく企業側の基準で作り上げた機能のはずなので、それを先行導入するのはリスクがあるのではないかと考えています。

6．LEDの人体への影響について教えてください。

LED光の生体影響の有無はまだ不明です。今後の臨床試験の結果次第というところだと思います。

7．まぶしさとはどのようなものを指すのですか。

ここでいうまぶしさとは、グレアのことであり、視野の中に強い光がある場合に感じるもので、不快感を感じたり、見え方を妨害することがあります。一例として対向する自動車のヘッドライト等は、グレアになります。

教室内では、直射日光や蛍光灯の光等が視野に入った場合、特にまぶしいと感じることがあります。児童生徒から見て黒板の外側15°の範囲内に輝きの強い光（グレア）がないかどうか、黒板面や机上面にないかどうか等について調べることによって測定をします。

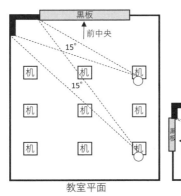
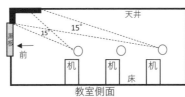

図2-2-23　まぶしさの測定法

教師は子どもたちと相対しているために気がつかない場合があります。最前列の席や最後列の席等、子どもたちの椅子に座って黒板を見た場合に、まぶしさがないかどうかを調べればよいでしょう。

また、児童生徒に問いかけて、黒板面や机上面のまぶしさがないか調べるのもよいことです。まぶしさが感じられる場合、窓からの太陽光が原因の場合にはカーテンを引いたり、ブラインドで覆ったり、蛍光灯の場合には、反射板が付いた器種では反射板の角度を変えたり、それがない場合は格子を付けたルーバー照明を設ける方法もあります。簡単に付け替えることができ、光の拡散を防ぎ

まぶしさを解消することができます。

　テレビ画面については、テレビを見る視線に対し30°以内にまぶしさがないかどうかを調べることになっています。コンピュータのディスプレイ面は見え方を妨害するような照明器具や明るい窓等が映っていないかどうか調べます。対策にはカーテンやブラインド、フィルター等が考えられます。

3 騒音

　騒音とは、好ましくない音、ないほうがよい音等と定義されていますが、学校においては、学習を妨害するような音と定義してよいでしょう。音圧によって測定することができます。

　騒音レベルの基準は、教育活動の妨げにならない騒音環境を確保するために設定されています。平均的な学習環境で教師の声（平均64dB）を児童生徒が十分に聞き取ることができ、また、児童生徒の声が教師及び他の児童生徒に聞こえるかどうかが、基本的な考え方となっています。

騒音

項目		基準値	検査回数	検査方法	検査箇所	備考
騒音	(12)騒音レベル	教室内閉窓時 L_{Aeq}50dB 以下 開窓時 L_{Aeq}55dB 以下	2回/年	校内騒音 外部騒音 普通騒音計 特殊な騒音源がある場合は、JIS Z 8731 に規定する騒音レベル測定法に準じて行う。	普通教室	測定結果が著しく基準値を下回る場合には、以後教室等の内外の環境に変化が認められない限り、次回からの検査を省略することができる。

1．騒音の測定は、どのように行えばよいですか。

　騒音の測定は、普通騒音計または精密騒音計を用い、等価騒音レベルを5分間測定します。

図2-2-24　普通騒音計 NL-27型
（リオンテック㈱製）

図2-2-25　普通騒音計 NL-42型
（リオンテック㈱製）

等価騒音レベルとは、不規則かつ大幅に騒音レベルが変動している場合に、測定時間内の騒音レベルのエネルギーを時間平均したもので、L_{Aeq}（L は大文字でイタリック体、A は少し小さい大文字）で表します。

L は連続した変数で、イタリック体で示します。A は A 特性で測定したことを表しています。A 特性で測定することが決まっているので、A は省略することができ、L_{eq} と表現することもできます。

騒音には、校内騒音と校外（外部）騒音があり、その両方について評価をします。一般に校外騒音は、窓側からの騒音で、校内騒音は廊下側から感じる騒音が多く、測定場所は、各階の普通教室において児童生徒のいない状態で、開窓時と閉窓時に窓側と廊下側の計4回測定します。

また、教室の選定に当たっては、日常点検によって、校外騒音や校内騒音（音楽室、給食室、図工・技術室、体育・遊戯室等）の影響を受けやすい時間帯や場所を選びます。

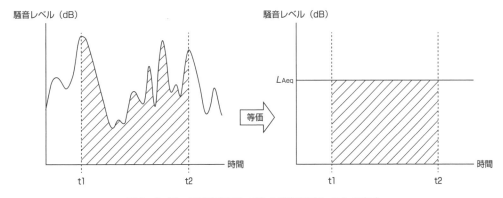

図2-2-26　通常の騒音レベルと等価騒音レベルの意味

2．学校環境衛生基準においては、「測定結果が著しく基準値を下回る場合には、以後教室等の内外の環境に変化が認められない限り、次回からの検査を省略することができる。」とありますが、基準値を著しく下回る場合とはどの程度のことですか。

基準値を著しく下回る場合とは、窓を閉じているときは L_{Aeq} 45dB 以下、窓を開けているときは L_{Aeq} 50dB 以下の場合のことで、基準値よりそれぞれ 5 dB 低い値になります。

3．騒音が基準値を超えた場合、どのような措置を取ればよいですか。

学校の実態に応じて好ましい学習環境を確保するための創意工夫をし、適切な措置を講じます。

例えば、次のような工夫が考えられます。

（1）授業の相互の時間割の配置における考慮

　体育・遊戯等の校庭からの授業音、合唱・楽器、工作等の音の場合、すべてを解決できるわけではありませんが、時間割を工夫することは有効な手段となります。午後に音を出す特殊教室は、午後の授業の少ない低学年の教室近くにすること等も有効です。

（2）教室の使用用途を変える等の工夫

　音を出す教室を隣合わせに集めることも考慮します。

（3）窓を閉じる

　校外の騒音に対して有効です。しかし学校外からの騒音のため、学校だけでは解決できない難しい問題もあります。

第2部　学校環境衛生基準

第3章
飲料水等の水質及び施設・設備に係る学校環境衛生基準

1 飲料水の水質及び施設・設備

　飲料水とは、もっぱら飲用に供される水のことです。学校においては、上水道、簡易水道、専用水道、簡易専用水道、小規模貯水槽水道、まれに井戸水等があります。学校環境衛生基準においては、上水道、簡易水道、小規模飲料水供給施設から直結給水を受けている場合は、定期検査の対象とはされていません。ただし、日常点検の対象にはなっています。

　検査項目、基準値、検査回数、検査方法、採水箇所は下の（1）〜（3）、専用水道が定期に実施すべき水質基準項目と検査回数等は表2-3-1のとおりです。

飲料水の水質

（1）水道水を水源とする飲料水（専用水道を除く。）の水質

検査項目	基準値	検査回数	検査方法	採水箇所
ア．一般細菌	100CFU/mL 以下		標準寒天培地法	
イ．大腸菌	検出されないこと		特定酵素基質培地法	
ウ．塩化物イオン	200mg/L 以下		滴定法	
エ．有機物	TOC　3mg/L 以下		全有機炭素計測定法	
オ．pH 値	5.8以上8.6以下		ガラス電極法	
カ．味	異常でないこと	1回／年	官能法	給水栓
キ．臭気	異常でないこと		官能法	
ク．色度	5度以下		比色法、透過光測定法	
ケ．濁度	2度以下		比濁法、透過散乱法、散乱光測定法、積分球式光電光度法、透過光測定法	
コ．遊離残留塩素	遊離残留塩素　0.1mg/L 以上 結合残留塩素　0.4mg/L 以上		DPD 法	

（2）専用水道に該当しない井戸水等を水源とする飲料水の水質

検査項目	基準値	検査回数	検査方法	採水箇所
専用水道が実施すべき水質検査の項目	水道水の水質基準値（水質基準に関する省令の表の下欄に掲げる基準）	水道法施行規則第15条に規定する専用水道が実施すべき水質検査の回数		給水栓
遊離残留塩素	遊離残留塩素　0.1mg/L 以上 結合残留塩素　0.4mg/L 以上		DPD 法	

（３）専用水道（水道水を水源とする場合を除く。）及び専用水道に該当しない井戸水等を水源とする飲料水の原水の水質

検査項目	基準値	検査回数	検査方法	採水箇所
一般細菌、大腸菌 塩化物イオン、有機物、pH値、味、臭気、色度、濁度	水道水の水質基準値（水質基準に関する省令の表の下欄に掲げる基準）	1回／年	（1）水道水を水源とする飲料水（専用水道を除く。）の水質と同じ	

飲料水に関する施設・設備

検査項目	基準	検査回数
ア．給水源の種類	上水道、簡易水道、専用水道、簡易専用水道及び井戸その他の別を調べる。	
イ．維持管理状況等	（ア）配管、給水栓、給水ポンプ、貯水槽及び浄化設備等の給水施設・設備は、外部からの汚染を受けないように管理されている。また、機能は適切に維持されている。 （イ）給水栓は吐水口空間が確保されている。 （ウ）井戸その他を給水源とする場合は、汚水等が浸透、流入せず、雨水又は異物等が入らないように適切に管理されている。 （エ）故障、破損、老朽又は漏水等の箇所がない。 （オ）塩素消毒設備又は浄化設備を設置している場合は、その機能が適切に維持されている。	2回／年
ウ．貯水槽の清潔状態	貯水槽の清掃は、定期的に行われている。	

表2-3-1　専用水道が定期に実施すべき水質基準項目と検査回数等の概要

番号	項目	検査回数	検査省略の可否	検査の実施期間、検査回数の減	
	色、濁り及び消毒の残留効果	1日1回以上	不可		
1	一般細菌	概ね1月に1回以上	不可		
2	大腸菌		不可		
3	カドミウム及びその化合物	概ね3月に1回以上	可	注2）	注3）
4	水銀及びその化合物		可	注2）	注3）
5	セレン及びその化合物		可	注2）	注3）
6	鉛及びその化合物		可	注2）	注4）
7	ヒ素及びその化合物		可	注2）	注3）
8	六価クロム化合物		可	注2）	注4）
9	亜硝酸態窒素		可	注2）	
10	シアン化物イオン及び塩化シアン		不可		
11	硝酸態窒素及び亜硝酸態窒素		可	注2）	
12	フッ素及びその化合物		可	注2）	注3）
13	ホウ素及びその化合物		可	注2）	注3）
14	四塩化炭素		可	注2）	注5）
15	1,4-ジオキサン		可	注2）	注5）
16	シス-1,2-ジクロロエチレン及びトランス-1,2-ジクロロエチレン		可	注2）	注5）
17	ジクロロメタン		可	注2）	注5）
18	テトラクロロエチレン		可	注2）	注5）
19	トリクロロエチレン		可	注2）	注5）
20	ベンゼン		可	注2）	注5）
21	塩素酸		不可		

22	クロロ酢酸		不可	
23	クロロホルム		不可	
24	ジクロロ酢酸		不可	
25	ジブロモクロロメタン		不可	
26	臭素酸		可	注3）
27	総トリハロメタン		不可	
28	トリクロロ酢酸		不可	
29	ブロモジクロロメタン		不可	
30	ブロモホルム		不可	
31	ホルムアルデヒド		不可	
32	亜鉛及びその化合物		可	注2） 注4）
33	アルミニウム及びその化合物			
34	鉄及びその化合物			
35	銅及びその化合物			
36	ナトリウム及びその化合物		可	注2） 注3）
37	マンガン及びその化合物		可	注2） 注3）
38	塩化物イオン	概ね1月に1回以上	可	注6）
39	カルシウム、マグネシウム等（硬度）	概ね3月に1回以上	可	注2） 注3）
40	蒸発残留物			
41	陰イオン界面活性剤			
42	ジェオスミン	概ね1月に1回以上	可	注1） 注7）
43	2-メチルイソボルネオール			
44	非イオン界面活性剤	概ね3月に1回以上	可	注2） 注3）
45	フェノール類			
46	有機物（全有機炭素（TOC）の量）	概ね1月に1回以上	可	注6）
47	pH値			
48	味			
49	臭気			
50	色度			
51	濁度			

注1）藻類の発生が少なく、検査を行う必要がないことが明らかであると認められる期間を除く。
注2）原水の水質が大きく変わるおそれが少ないと認められ、過去3年間における検査結果が基準値の1/5以下である場合は概ね1年に1回以上、基準値の1/10以下である場合は概ね3年に1回以上とすることができる。
注3）過去の検査結果が基準値の1/2を超えたことがなく、かつ原水並びに水源及びその周辺の状況を勘案し、検査を行う必要がないことが明らかであると認められた場合、省略可。但しホウ素及びその化合物については海水を原水とする場合は省略不可、臭素酸については浄水処理にオゾン処理、消毒に次亜塩素酸を用いる場合は省略不可。
注4）過去の検査結果が基準値の1/2を超えたことがなく、かつ原水並びに水源及びその周辺の状況並びに薬品等及び資機材等の使用状況を勘案し、検査を行う必要がないことが明らかであると認められた場合、省略可。
注5）過去の検査結果が基準値の1/2を超えたことがなく、かつ原水並びに水源及びその周辺の状況（地下水を水源とする場合は、近傍の地域における地下水の状況を含む。）を勘案し、検査を行う必要がないことが明らかであると認められた場合、省略可。
注6）自動連続測定・記録をしている場合、概ね3月に1回以上とすることができる。
注7）過去の検査結果が基準値の1/2を超えたことがなく、かつ原水並びに水源及びその周辺の状況（湖沼等の停滞水源を水源とする場合は当該基準項目を産出する藻類の発生状況を含む。）を勘案し、検査を行う必要がないことが明らかであると認められた場合、省略可。

（平成16年4月1日施行。平成27年3月2日一部改正、平成27年4月1日施行）

1．水道の種類には、どのようなものがありますか。

　　水道には、上水道、簡易水道、専用水道、簡易専用水道、小規模貯水槽水道の水道と、上水道、簡易水道に対して水道用水を供給する水道用水供給事業等があります（図2-3-1）。

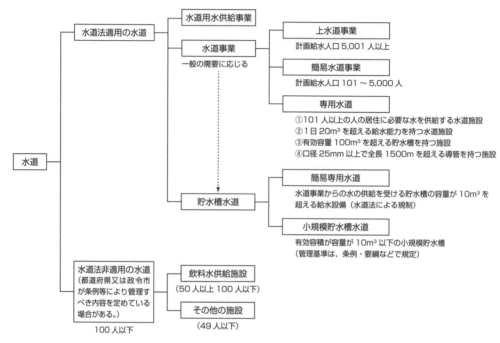

図2-3-1　水道の種類

2．学校にはどのような種類の飲料水がありますか。

　　学校の多くは、上水道、簡易水道から直接給水されるもの、または上水道や簡易水道から給水を受け、いったん受水槽に貯水した水を供給する簡易専用水道です。大きな学校等では専用水道、水道が供給されない地域では井戸水の場合があります。管理を適切に行うには、まず当該学校の飲料水の種類を正しく知る必要があります。

　簡易専用水道の場合は、給水栓水と施設設備について、学校環境衛生基準及び水道法第34条の2第2項の規定に基づいた管理を行います。

　専用水道については、水道法に水道事業を準用する規定が設けられており、水道法に基づいた管理が必要です。井戸水については専用水道の場合と同様に管理を行います。なお、専用水道及び井戸水の原水については、学校環境衛生基準に規定があります。

　上水道、簡易水道から直接給水する場合は、学校環境衛生基準の定期検査の対象にはなっていま

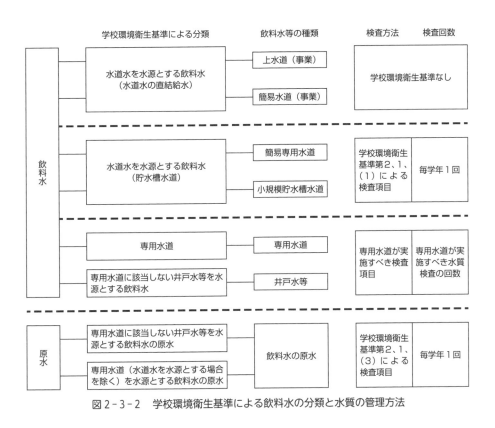

図2-3-2　学校環境衛生基準による飲料水の分類と水質の管理方法

せんが、日常点検においては、給水栓水と施設設備について、学校環境衛生基準に基づいた管理を行います。

3．簡易専用水道について教えてください。

　　簡易専用水道は水道法第3条第7項に、「水道事業の用に供する水道及び専用水道以外の水道であって、水道事業の用に供する水道から供給を受ける水のみを水源とし、給水方式が受水槽方式であり、この受水槽の有効容量の合計（受水槽が2つ以上の場合はその合計とし、高置水槽、中継水槽等は有効容量に含まない）が、10m^{3}を超えるものをいう。」と定まっています。
　「有効容量」は、「水槽において適正に利用可能な容量をいい、水の最高水位と最低水位との間に貯留されるものであること。」であり、「最高水位」は、ボールタップ又は電極により水の流入が止まる位置であり、「最低水位」は、揚水管吸入部から管径の1.5倍上部の位置とされています。
　簡易専用水道は、水道法第34条の2第2項の規定に基づく「簡易専用水道の管理に係る検査」を1年以内ごとに1回実施することと定められており、この検査は水道法第34条の2第2項に基づく登録検査機関（厚生労働大臣の登録がない地域では地方公共団体〈所轄の保健所〉）が実施します。

　水道法第34条の2第2項の規定に基づいて行われる検査の概要は次のとおりです。

1）施設及び管理の状態に関する検査
　水槽に雨水や汚水が混入、埃や虫等が侵入する恐れはないか、水槽やその周辺が清潔に保持されているか、水槽内は外部からの汚染を受けていないか、沈積物、浮遊物等はないか等、管理状態を検査します。
2）給水栓における水質
　臭気、味、色度、濁度、遊離残留塩素を検査します。
3）書類の整理に関する検査
　設備の配置及び系統図面、受水槽周囲の構造物の配置平面図、水槽の掃除の記録、その他日常点検や水質検査の記録等が整理、保存されているかを検査します。

　また、年1回以上の貯水槽清掃を行います。清掃は、建築物衛生法に基づく建築物飲料水貯水槽清掃業の登録を持つ業者に依頼します。水道法第34条の2第2項の規定に基づく簡易専用水道の管理に係る検査の検査結果書や貯水槽清掃作業報告書は必ず保存してください。

4．専用水道について教えてください。

　専用水道は、寄宿舎、社宅、療養所等における自家用の水道その他水道事業の用に供する水道以外の水道であって、100人を超える者にその居住に必要な水を供給するもの、またはその水道施設の1日最大給水量が20m³を超えるものです。ただし、他の水道から供給を受ける水のみを水源とし、かつ、その水道施設のうち地中または地表に敷設されている部分の規模が政令で定める基準以下である水道を除くと定義されています。

　1日最大給水量が20m³を超えるかどうかを見るには、ポンプに明記されている最大給水量を参考

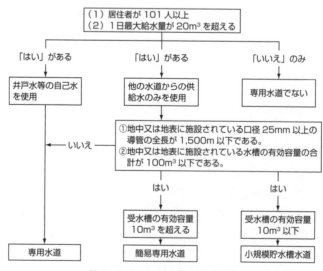

図2-3-3　専用水道の見分け方

に判断してもよいでしょう。

　１日最大給水量の考え方は、飲用等人の生活の用に供することを目的とする水量に限りますので、事業用や営農用等、人の生活の用に供しない容量を除外減算することができます。また、専用水道が、併せて一般の需要に応じて水を供給する場合で、その部分の給水人口が100人を超える場合は、これを含めて水道事業として取扱い、その部分の給水人口が100人以下の場合は、これを含めて専用水道として取扱うこととなっています。

　専用水道には水道法に基づく水質基準が準用されます。水道水は水質基準に適合するものでなければならず、水道法により専用水道の設置者に検査の義務が課されています。水道法第４条に基づく水質基準は、水質基準に関する省令（平成15年５月30日厚生労働省令第101号）により定められています。令和２年４月１日現在、水質基準項目は51項目です。

5．飲料水（浄水）の水質検査項目と基準値、検査回数について教えてください。

　学校環境衛生基準によると、飲料水の検査について、（１）水道水（上水道・簡易水道）から給水している場合、（２）専用水道の場合、（３）井戸水（専用水道に該当しないもの）から給水している場合の３つに区分して、専用水道以外の場合について、検査項目と検査回数を示しています。

（１）上水道、簡易水道から給水している場合（受水槽に貯水する簡易専用水道を含む。）は、給水栓水について、一般細菌、大腸菌、塩化物イオン、有機物（全有機炭素（TOC）の量）、pH値、味、臭気、色度、濁度と遊離残留塩素の10項目を、毎学年１回、検査します。

（２）専用水道の場合は、法的な整合性から、水道法に定めのある事項は、水道法によるとされ、学校環境衛生基準には専用水道（浄水）の水質検査について記載がありません。専用水道（浄水）の検査項目は、水道法水質基準の51項目（令和２年４月現在）と遊離残留塩素であり、検査回数等は水道法施行規則に定められています。

（３）井戸水等（専用水道に該当しないもの）から給水している場合は、上記（２）の専用水道と同様に検査を行います。検査回数等については水道法施行規則の専用水道の定めにより実施します。

表2-3-2　飲料水の検査項目と基準値　　　　　　　　　　　　（令和2年4月1）

	項目	基準		項目	基準
1	一般細菌	100CFU/mL 以下	27	総トリハロメタン	0.1mg/L 以下
2	大腸菌	検出されないこと	28	トリクロロ酢酸	0.03mg/L 以下
3	カドミウム及びその化合物	0.003mg/L 以下	29	ブロモジクロロメタン	0.03mg/L 以下
4	水銀及びその化合物	0.0005mg/L 以下	30	ブロモホルム	0.09mg/L 以下
5	セレン及びその化合物	0.01mg/L 以下	31	ホルムアルデヒド	0.08mg/L 以下
6	鉛及びその化合物	0.01mg/L 以下	32	亜鉛及びその化合物	1.0mg/L 以下
7	ヒ素及びその化合物	0.01mg/L 以下	33	アルミニウム及びその化合物	0.2mg/L 以下
8	六価クロム化合物	0.02mg/L 以下	34	鉄及びその化合物	0.3mg/L 以下
9	亜硝酸態窒素	0.04mg/L 以下	35	銅及びその化合物	1.0mg/L 以下
10	シアン化物イオン及び塩化シアン	0.01mg/L 以下	36	ナトリウム及びその化合物	200mg/L 以下
11	硝酸態窒素及び亜硝酸態窒素	10mg/L 以下	37	マンガン及びその化合物	0.05mg/L 以下
12	フッ素及びその化合物	0.8mg/L 以下	38	塩化物イオン	200mg/L 以下
13	ホウ素及びその化合物	1.0mg/L 以下	39	カルシウム、マグネシウム等（硬度）	300mg/L 以下
14	四塩化炭素	0.002mg/L 以下	40	蒸発残留物	500mg/L 以下
15	1、4-ジオキサン	0.05mg/L 以下	41	陰イオン界面活性剤	0.2mg/L 以下
16	シス-1、2-ジクロロエチレン及びトランス-1、2-ジクロロエチレン	0.04mg/L 以下	42	ジェオスミン	0.00001mg/L 以下
17	ジクロロメタン	0.02mg/L 以下	43	2-メチルイソボルネオール	0.00001mg/L 以下
18	テトラクロロエチレン	0.01mg/L 以下	44	非イオン界面活性剤	0.02mg/L 以下
19	トリクロロエチレン	0.01mg/L 以下	45	フェノール類	0.005mg/L 以下
20	ベンゼン	0.01mg/L 以下	46	有機物（全有機炭素（TOC）の量）	3mg/L 以下
21	塩素酸	0.6mg/L 以下	47	pH 値	5.8以上8.6以下
22	クロロ酢酸	0.02mg/L 以下	48	味	異常でないこと
23	クロロホルム	0.06mg/L 以下	49	臭気	異常でないこと
24	ジクロロ酢酸	0.03mg/L 以下	50	色度	5 度以下
25	ジブロモクロロメタン	0.1mg/L 以下	51	濁度	2 度以下
26	臭素酸	0.01mg/L 以下			

表2-3-3　水道水を水源とする飲料水（専用水道を除く）の水質の測定法　（令和2年4月1）

	項目	測定法		項目	測定法
1	一般細菌	標準寒天培地法	27	総トリハロメタン	（6）、（11）
2	大腸菌	特定酵素基質培地法	28	トリクロロ酢酸	（8）、（10）
3	カドミウム及びその化合物	（1）、（3）、（4）	29	ブロモジクロロメタン	（6）、（11）
4	水銀及びその化合物	還元気化一原子吸光度法	30	ブロモホルム	（6）、（11）
5	セレン及びその化合物	（1）、（4）、（12）、（13）	31	ホルムアルデヒド	（10）、（21）、（22）
6	鉛及びその化合物	（1）、（3）、（4）	32	亜鉛及びその化合物	（1）、（2）、（3）、（4）
7	ヒ素及びその化合物	（1）、（4）、（12）、（13）	33	アルミニウム及びその化合物	（1）、（3）、（4）
8	六価クロム化合物	（1）、（3）、（4）	34	鉄及びその化合物	（1）、（2）、（3）、（4）
9	亜硝酸態窒素	（5）	35	銅及びその化合物	（1）、（2）、（3）、（4）

10	シアン化物イオン及び塩化シアン	（14）	36	ナトリウム及びその化合物	（1）、（2）、（3）、（4）、（15）
11	硝酸態窒素及び亜硝酸態窒素	（5）	37	マンガン及びその化合物	（1）、（2）、（3）、（4）
12	フッ素及びその化合物	（5）	38	塩化物イオン	滴定法、（5）
13	ホウ素及びその化合物	（3）、（4）	39	カルシウム、マグネシウム等(硬度)	（2）.（3）、（4）、（15）、滴定法
14	四塩化炭素	（6）、（11）	40	蒸発残留物	重量法
15	1、4-ジオキサン	（6）、（7）、（11）	41	陰イオン界面活性剤	（17）
16	シス-1,2-ジクロロエチレン及びトランス-1,2-ジクロロエチレン	（6）、（11）	42	ジェオスミン	（6）、（7）、（11）、（16）
17	ジクロロメタン	（6）、（11）	43	2-メチルイソボルネオール	（6）、（7）、（11）、（16）
18	テトラクロロエチレン	（6）、（11）	44	非イオン界面活性剤	（17）、（18）
19	トリクロロエチレン	（6）、（11）	45	フェノール類	（9）、（19）
20	ベンゼン	（6）、（11）	46	有機物（全有機炭素（TOC）の量）	全有機炭素計測定法
21	塩素酸	（5）、（20）	47	pH値	ガラス電極法、連続自動測定機器によるガラス電極法
22	クロロ酢酸	（8）、（10）	48	味	官能法
23	クロロホルム	（6）、（11）	49	臭気	官能法
24	ジクロロ酢酸	（8）、（10）	50	色度	比色法、透過光測定法、連続自動測定機器による透過光測定法
25	ジブロモクロロメタン	（6）、（11）	51	濁度	比濁法、積分球式光電光度法、透過光測定法、連続自動測定機器による透過光測定法、連続自動測定機器による積分球式光電光度法、連続自動測定機器による散乱光測定法、連続自動測定機器による透過散乱法
26	臭素酸	（14）、（20）			

（1）フレームレス―原子吸光光度計による一斉分析法
（2）フレーム―原子吸光光度計による一斉分析法
（3）誘導結合プラズマ発光分光分析装置による一斉分析法
（4）誘導結合プラズマ―質量分析装置による一斉分析法
（5）イオンクロマトグラフ（陰イオン）による一斉分析法
（6）パージ・トラップ―ガスクロマトグラフ―質量分析計による一斉分析法
（7）固相抽出―ガスクロマトグラフ―質量分析計による一斉分析法
（8）液体クロマトグラフ―質量分析法
（9）固相抽出―液体クロマトグラフ―質量分析法
（10）溶媒抽出―誘導体化―ガスクロマトグラフ―質量分析法
（11）ヘッドスペース―ガスクロマトグラフ―質量分析計による一斉分析法
（12）水素化物発生―誘導結合プラズマ発光分光分析法
（13）水素化物発生―原子吸光光度法
（14）イオンクロマトグラフ―ポストカラム吸光光度法
（15）イオンクロマトグラフ（陽イオン）による一斉分析法
（16）固相マイクロ抽出―ガスクロマトグラフ―質量分析法
（17）固相抽出―高速液体クロマトグラフ法
（18）固相抽出―吸光光度法
（19）固相抽出―誘導体化―ガスクロマトグラフ―質量分析法
（20）液体クロマトグラフ―質量分析法
（21）誘導体化―高速液体クロマトグラフ法
（22）誘導体化―高速液体クロマトグラフ―質量分析法

6．飲料水の原水の水質検査項目について教えてください。

　学校環境衛生基準では、飲料水について、専用水道と井戸水等（専用水道に該当しないもの）の場合に検査を行うよう定めています。
　専用水道（原水）の検査項目は、一般細菌、大腸菌、塩化物イオン、有機物（全有機炭素（TOC）の量）、pH値、味、臭気、色度、濁度の9項目であり、検査回数は毎学年1回です。井戸水等（専用水道に該当しないもの・原水）の検査項目も同じ9項目であり、検査回数も同じく毎学年1回です。

7．飲料水（浄水）の水質検査用試料の採水地点と採水方法について教えてください。

　採水は、給水系統の末端の給水栓で行います。校内に受水槽が複数ある等、異なる水系統がある場合は、それぞれの給水系統別に末端の給水栓から採水します。採水前にはしばらく放水し、配管内に溜まった水を排水してから採水します。特に、日曜、祝日、夏期休暇等の休み明けには、配管内に溜まった水を時間をかけて十分に排水します。また、受水槽や高置水槽等の貯水槽を経由している場合は、水道水直結の場合に比べて、十分に排水する必要があります。
　細菌検査用の採水容器は、予め滅菌され、通常、塩素中和剤（チオ硫酸ナトリウム）を入れて密封されています。採水に際して、容器の内側を汚染しないように注意し、水を容器の約8分目まで汲み、中和剤を入れ蓋をしっかり締めて数回振ります。
　トリハロメタンの採水容器は、ガラス製瓶であり、検水を採取後、希塩酸、アスコルビン酸を加えます。さらに検水を加え、満杯とし、気泡が入らないように蓋をします。

8．現場における遊離残留塩素の検査方法について教えてください。

　公定法は、DPD試薬を用いた比色法、電流法、吸光光度法等です。採水現場においては、残留塩素簡易測定器（DPD法）等を用いて測定します。DPD試薬はタブレット状、粉末状等、使いやすい形状で市販されています。

比色による測定法なので、残留塩素測定器の試料容器（セル）が材質の劣化により濁り等が生じているものや比色板が材質の劣化により色が変化したもの、濁りのあるものは使用できません。定期的に保守点検してください。

　簡易測定器を用いた測定手順（例）を示します。

1　給水系統の代表的な末端の給水栓で、数分間放水の後、採水します。
2　給水栓に固定シャワー蛇口や浄水器がついていれば、これを外して採水します。
3　2本の試料容器（測定用と比較用）を試料の飲料水でよくすすいだのち、2本の試料容器に試料水をそれぞれ容器の既定量（線）まで採水します。
4　1本の試料容器（測定用）にDPD試薬を投入して溶かします。
5　2本目の試料容器を残留塩素簡易測定器に入れ、残留塩素用比色板の色と比色して試薬投入直後の該当する数値を読みます。測定は1分以内に終えてください。
6　測定値が0.1mg/L未満の場合は、十分に放水の上、再測定します。

9．遊離残留塩素が検出されない場合の処置について教えてください。

　配水管内に溜まった水を十分な時間をかけて排水してもなお、遊離残留塩素が検出されない場合は、まず遊離残留塩素の不検出の原因が、校内か校外のどちらにあるかを確認します。

　確認方法としては、校外から校内に入る水道配管において、校内の可能な限り校外寄りの箇所で遊離残留塩素濃度を測定します。この測定値が基準値以上の濃度であれば、その箇所より校内側に原因があるとし、基準値未満の濃度であれば、その箇所より校外側に原因があると考えます。

　校内に原因があると考える場合は、給水系統図に沿って、校内の各給水栓において、遊離残留塩素濃度を測定します。一部の測定点のみ基準値未満の場合は、その配管系の使用量が少なく、滞留水がある、配管内部に異常がある、配管の破損等による外部からの汚染がある等の原因を考え、教育委員会あるいは水道事業者に連絡し、調査を依頼します。

　校内に原因がある場合には、次のような措置を取ります。

　受水槽の貯水量に比べ使用量が極端に少ない場合や配管系に問題がある場合等があります。受水槽の貯水量に比べ使用量が極端に少ないかどうかを調べるには、まず、水道の使用量から受水槽や高置水槽等の水が1日に何回転するかを計算します。受水槽の水は1日に2回転以上、高置水槽の水は1日に10回転以上入れ替わることが望ましいとされています。水の入れ替わりが異常に少ない場合は、遊離残留塩素濃度を維持するための装置等の設置が必要となります。

　配管系に問題があるかどうかを調べる方法は、次のとおりです。

　全測定点で基準値未満の場合は、受水槽や高置水槽等に原因があり、使用量に比べて貯水量が多く、滞留時間が長いため残留塩素が消費されている等の原因が考えられます。

　これらの処置を適切に行うためには設備図面等の書類が確実に保管されている必要があります。

10. 採水した水質検査用試料の保管方法について教えてください。

採水した水質検査用試料はアイスボックス等に入れて保冷します。特に、細菌検査用の試料は温度による影響を大きく受けるので、確実に保冷します。アイスボックスよりも冷蔵庫に保管する方がより確実です。

細菌検査（一般細菌と大腸菌）用の試料は、冷暗所に保冷し、検査は採取後12時間以内に行います。参考として主な検査項目ごとに水質検査をいつ行なうかを示します。正確な検査結果を得るために、試料を適切に保管し、すみやかに検査施設に搬送することが大切です。

表2-3-4　検査項目ごとの水質検査対応

検査項目	検査対応
一般細菌	速やかに試験する。速やかに試験できない場合は冷暗所に保冷し、採取後12時間以内に試験する。
大腸菌	
塩化物イオン	速やかに試験する。速やかに試験できない場合は冷暗所に保冷し、採取後24時間以内に試験する。
有機物	
pH値	速やかに試験する。
味	直ちに試験する。
臭気	
色度	速やかに試験する。
濁度	

11. 一般細菌について教えてください。また不適の結果がでた場合、どのようにすればよいですか。

一般細菌とは、標準寒天培地において混釈し恒温槽（孵卵器）で35～37℃、24時間±2時間で培養し、コロニーを形成する細菌です。飲料水の汚染の程度を示す指標として用いています。

有害か無害かは判定できませんが、清浄な水は細菌数が少なく、また、塩素消毒により死滅する菌も多いため、細菌汚染の指標として従来より用いられています。

飲用を中止して再検査するとともに、大腸菌等他の項目にも異常値がないか検討します。また、児童生徒が飲用している飲料水の種類を確認します。

水道の直結給水の場合は、基準値を超えることはないでしょうが、井戸水や簡易専用水道を利用している場合は、一般細菌が基準を超える場合がないとはいえません。一般細菌のみが基準値を超える場合は、飲料水の原水の一般細菌についても検査をします。原水が汚染されていないか、途中に汚染源がないか調べ、塩素消毒を強化します。

12. 飲料水の検査で不適の結果がでました。どのようにすればよいですか。

　検査の結果が基準に適合しない場合は、基準に適合するまで飲用等を中止します。検査の結果が基準に適合しない原因が学校の敷地内の設備によるものか、水源によるものかを究明し、状況に応じて自治体の水道部局等と相談の上、必要な措置を講じます。(Q11参照)

13. 大腸菌について教えてください。

　大腸菌（学名：*Escherichia coli*）は、哺乳類の大腸内に生息している細菌です。E.coli とも表記され、糞便の汚染指標として検査されています。検出した場合は、糞便汚染を疑います。

　検査は、特定酵素基質培地を使用します。これには、MMO ―MUG 培地、IPTG 添加 ONPG ―MUG 培地、XGal ―MUG 培地、ピルビン酸添加 XGal ―MUG 培地等があります。培養後、紫外線ランプを用いて波長366nm の紫外線を照射し、蛍光の有無を確認します。培地に対応する比色液より蛍光が強い場合は陽性と判定し、蛍光が弱い場合は陰性と判定します。

　事後措置は、一般細菌の場合と同様です。

14. 塩化物イオンについて教えてください。

　塩化物イオンは、海水や工場排水、し尿等が混入すると高くなります。検査法は、イオンクロマトグラフ法と滴定法です。イオンクロマトグラフ法はイオンクロマトグラフを用いるので、高価な機器が必要です。滴定法は滴定装置等の器具や試薬類、加えて検査経験、検査施設等が必要ですが、高価な機器を用いなくても検査が可能です。しかし、クロム酸カリウムを指示薬として硝酸銀を用いて滴定するため、廃水は適切に処理してください。

　事後措置としては、原因を調査しますが、水源の塩化物イオンが高い場合は、途中で低減することは難しいので、水源を別に求めたほうがよいでしょう。

15. 有機物について教えてください。

　　水道法でいう有機物とは、全有機炭素（Total Organic Carbon）のことで、TOCと略されます。植物等の腐敗物（フミン質）や下水処理水、し尿処理排水、工場排水等さまざまな廃水に含まれる物質で、さまざまな汚染源があります。
　全有機炭素（TOC）の量の測定には、全有機炭素計（TOC計）を用います。全有機炭素量と過マンガン酸カリウム消費量には、良好な相関が認められますが、平成30年4月の学校環境衛生基準の改正で、過マンガン酸カリウム消費量は、削除されました。

16. pHを測定する意味について教えてください。

　　pHは、酸性またはアルカリ性の物質が混入することによって変化します。pHが変化することは、異物が混入している疑いがあります。
　pHの測定法は、ガラス電極法でpH計を用いて測定します。採水現場においては、BTB試薬を用いたpH簡易測定器等を用いて比色測定します。BTB試薬は市販されていますが、1年に1回は交換してください。比色による測定法なので、測定器の試料容器が材質の劣化により傷や曇り等が生じているものや、比色板が材質の劣化により色が変化したもの、濁りのあるものは使用できません。定期的に保守点検してください。また、BTB試薬によるpHの測定範囲は6.0から7.6です。この範囲外の水の測定にはその範囲に適した別の指示薬（4.4から6.2の範囲はメチルレッド、6.8から8.4の範囲はフェノールレッド）を用います。

17. 現場における味の検査方法について教えてください。

　　試料100mLをビーカー等に採り、口に含み、塩素味以外の味を調べます。公定法では、40〜50℃に加温して調べることになっているので、少しでも疑問がある場合は、新しい水に変え、40〜50℃に加温して、再度調べます。

18. 現場における臭気の検査方法について教えてください。

　試料100mLを共栓付き三角フラスコ（容量300mL）に採り、栓をして激しく振った後、直ちに塩素臭以外の臭気を調べます。公定法では、40～50℃に加温して調べることになっているので、少しでも疑問がある場合は、新しい水に変え、40～50℃に加温して、再度調べます。

19. 色度の検査方法について教えてください。

　公定法は、比色法や透過光測定法等です。比色法は、色度標準列と比色して、色度を求める方法です。色度標準列と器具があれば、現場でも測定できます。透過光測定法は分光光度計を用います。

20. 現場における外観の検査方法について教えてください。

　透明な容器に水を汲み、水に色や濁りがないか、異物がないかを確認します。容器の下に白い紙を置いて上から観ると黒い不純物が、黒い紙に変えると白い不純物が分かりやすくなります。配管から鉄サビ等が出ていると赤褐色を呈したり、赤褐色沈殿が生じたりします。マンガン等があると黒褐色の沈殿が生じます。

21. 長期休み後の水道水に色がついています。どのようにすればよいですか。

　飲料水が着色している場合の原因としては、異物の混入が考えられます。水が白い場合は空気の混入や亜鉛管等からの亜鉛の溶出が考えられます。赤い色の場合は、鉄サビや微量のマンガン、黒い水はマンガン、青い場合は、銅が原因と考えられます。
　色にもよりますが、長期休み後の着色は、鉄サビが考えられます。十分に水を流し、着色がなくなってから使用します。

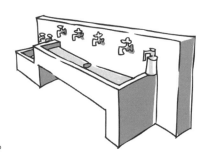

22. 濁度の検査方法について教えてください。

公定法は、比濁法や透過光測定法、積分球式光電光度法等です。比濁法は、濁度標準列と比濁して、濁度を求める方法です。濁度標準列と器具があれば、現場でも測定できます。透過光測定法には分光光度計、積分球式光電光度法には積分球式光電光度計が必要です。

23. 飲料水に関する施設・設備の検査はどのように行いますか。

まず、給水源の種類を確認し、それぞれに応じた検査を行います。給水源には上水道、簡易水道、専用水道、簡易専用水道、井戸水、その他の種類があります。

学校環境衛生基準における施設・設備の検査は、水道水を受水している場合（上水道、簡易水道、簡易専用水道）は毎学年1回、井戸水等を水源とする場合は毎学年2回行います。検査内容は次のとおりです。

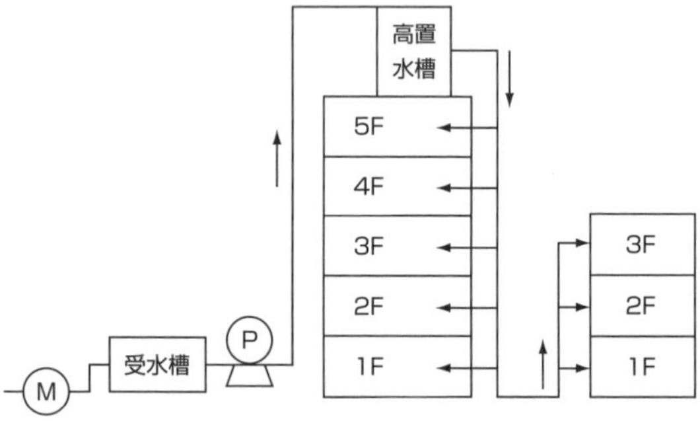

1）配管、給水栓、給水ポンプ、貯水槽及び浄化設備等の給水施設・設備の維持管理状況を点検します。

図2-3-4　給水方式の例

（1）施設・設備は衛生的に管理され、機能が維持されていること。
（2）給水栓には吐水口空間が確保されていること。
吐水口空間の確保は流しや洗面器等の水受け容器に吐水する給水栓の吐水口と水受け容器のあふれ縁との間に空間を設けて、万一給水管内に負圧が生じても溜まった水を吸い込み逆流することのないようにするためです。一般的な家庭用の呼び径13mmの水栓では吐水口空間は25mm以上と決められています。
（3）設備の周辺環境が衛生的であること。特に井戸水等の場合は、近くに便所や排水等の汚染源がないかを点検し、汚水の浸透や流入に留意すること。また、雨水や異物が入らないよう管理されていること。
（4）故障や破損の箇所がないこと。
目視によるほか残留塩素量の推移等が参考になります。
（5）老朽や漏水等の箇所がないこと。
目視によるほか給水量の推移等が参考になります。
（6）塩素消毒設備や浄化設備がある場合は適切に維持、稼働していること。

2）貯水槽のある場合は、受水槽や高置水槽等の状況を調べます。受水槽のみで高置水槽のない場

合や、圧力水槽のある場合もあります。
（1）簡易専用水道の場合は、年1回、水道法34条の2第2項に基づく簡易専用水道検査を受検します。当検査は水道法34条の2第2項に基づく登録検査機関（この厚生労働大臣の登録がない地域では地方公共団体〈所轄の保健所〉）に依頼し、検査結果報告をもとに、必要な場合は措置を行います。検査結果報告書は保管します。
（2）簡易専用水道の場合は、年1回の貯水槽清掃を行います。当清掃には、建築物衛生法に基づく建築物飲料水貯水槽清掃業の登録を持つ業者を選びましょう。
（3）簡易専用水道の対象とならない小規模の受水槽（10m^{3}以下）であっても、年1回の貯水槽清掃を実施することが望ましいです。小規模受水層は都道府県により条例が制定されている場合があるので、条例に該当する場合は、それによる対応を図る必要があります。
（4）水槽が地下式の場合は、特に汚水の流入等、衛生状態に注意が必要です。
以上が学校環境衛生基準における施設・設備の検査内容です。

上水道、簡易水道、簡易専用水道の場合、水道法に基づき管轄の水道事業者において水質管理が行われており、学校としては、水道メーターから内側の建物所有者の管理下についての検査になります。専用水道の設置者である場合は、自ら水道法に基づき施設管理を行わなければなりません。また、井戸水の場合は、専用水道に準じた管理が必要です。

24. 子どもたちが学校に水筒を持ってきています。安全ですか。また、水筒持参への対処はどのようにすればよいですか。

　　一般的に水筒は、細菌に汚染されています。したがって、毎日洗浄する等、衛生的に管理する必要があります。

水筒の種類はさまざまですが、水ですすぐ程度では、細菌は落ちません。ストロー付きの水筒は、ストローの中にカビが生えて、真黒になっていることがあります。洗剤で十分隅々までこすって洗うか、食器洗い洗浄機による洗浄がよいでしょう。水筒によっては、熱湯消毒や塩素消毒ができないものがあります。

何よりも、学校の飲料水は、毎授業日に日常点検が行われているため、安全です。

POINT

　子どもたちが学校に持参している水筒の一般細菌数、大腸菌群、大腸菌を調べたデータがあります。結果は図の通りです。水筒水中の一般細菌については、水筒水143検体中検出されなかったのは1検体のみで、100個以下（飲料水の基準適合）は11検体（7.7％）であり、1万個以上のものは85検体（59.4％）で、一般細菌数が10万個を超えるものも数多くありました。大腸菌群については、143検体中37（25.9％）しか「検出されない」という飲料水の基準に適合していませんでした。また、大腸菌群が1,000個以上の検体は44（30.8％）を占めていました。但し、大腸菌は検出されませんでした。さすがに、市販のペットボトルからは、細菌は検出されませんでした。ストローで吸い出す方式のものは、ストローの内側が、カビで真黒になっていたものもありました。細菌数の経時変化をみると、ペットボトル、ステンレス水筒中の一般細菌数は、3時間後ではわずかに増殖するもののほとんど変化は認められませんでした。また、24時間後では、5倍程度に増殖しました。ただ、水筒を水でゆすぐ程度で使用した場合、一週間で細菌は、基準値以上に増加しました。このように、水筒の多くは、細菌に汚染されていました。その原因は、洗浄不足による水筒そのものの汚染の蓄積と判明しました。

（田中、石川：学校環境の衛生学的評価に関する研究―水筒の細菌汚染調査―、学校保健研究、45巻5号より）

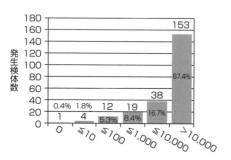

図2-3-5　水筒水中の一般細菌数（CFU/mL）

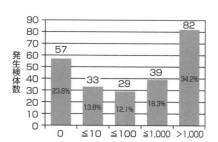

図2-3-6　水筒水中の大腸菌群数（CFU/mL）

2 雑用水の水質及び施設・設備

雑用水の水質

検査項目	基準値	検査回数	検査方法	採水箇所
ア．pH値	5.8以上、8.6以下	2回／年	ガラス電極法、比色法	給水系統の末端給水栓
イ．臭気	異常でないこと		官能法	
ウ．外観	ほとんど無色透明であること		目視法	
エ．大腸菌	検出されないこと		特定酵素基質培地法	
オ．遊離残留塩素	遊離残留塩素　0.1mg/L以上 結合残留塩素　0.4mg/L以上		DPD法	

雑用水に関する施設・設備

点検箇所	基準	検査回数
水管	雨水等雑用水であることを表示している 漏水等の異常が認められない	2回／年
水栓	誤飲防止の構造が維持され、飲用不可である旨表示している	
飲料水による補給	吐水口空間を設け逆流防止の構造が維持されている	
貯水槽	破損等により外部からの汚染を受けず、その内部は清潔である	

1．雑用水とはどのような水を指すのですか。

雑用水とは、散水、修景、便所の洗浄等に用いられる飲用にはできない水のことを指します。

建築物内で発生した排水の再生水や雨水、下水処理業者の供給する再生水、工業用水等を、便所の洗浄水や散水、修景用水、栽培用水、清掃用水等の用途に用いるようになり、これら雑用水の飛沫等による健康に係る被害が生ずることを防止するため、建築物衛生法や学校環境衛生基準に基準が定められました。

建築物衛生法に基づく基準は次のとおりです。
（1）給水栓における遊離残留塩素の含有率を0.1mg/L（結合残留塩素の場合は0.4mg/L）以上に保持すること。ただし、供給する雑用水が病原生物に著しく汚染されるおそれがある等の場合には、遊離残留塩素の含有率を0.2mg/L（結合残留塩素の場合は1.5mg/L）以上に保持すること。
（2）雑用水槽の点検等、有害物や汚水等によって水が汚染されることを防止するための措置を講ずること。
（3）雑用水を散水、修景、清掃に使用する場合は、し尿を含む水を原水として用いないこととし、pH値、臭気、外観、大腸菌、濁度について、建築物環境衛生管理基準に適合すること。
（4）雑用水を水洗便所に使用する場合は、pH値、臭気、外観、大腸菌について、建築物環境衛生管理基準に適合すること。

（5）建築物環境衛生管理基準のうち、遊離残留塩素、pH値、臭気、外観については、7日以内ごとに1回、大腸菌、濁度については、2ヶ月以内ごとに1回、定期検査を実施すること。

2．雑用水の水質検査について教えてください。

　　pH値、臭気、外観（色、濁り、泡立ち等の程度）、大腸菌、遊離残留塩素の5項目について、毎学年2回検査します。外観検査の方法は目視で行い、pH値、臭気、大腸菌、遊離残留塩素の検査方法は飲料水の方法と同じです。濁りの原因には、サビやスケール、スライムの発生があります。サビやスケールには管内の洗浄、スライム発生には残留塩素濃度を高めて洗浄する等の対応が取られます。

3．雑用水に関する施設・設備の検査について教えてください。

　　施設・設備の検査は、毎学年2回、図面等書類を確認し、施設・設備の外観や貯水槽の内部を点検します。水管には雨水等の雑用水表示がされていること、水栓がある場合には誤飲防止の構造が維持され、かつ飲用不可である旨の表示がされていること、飲料水による補給を行っている場合は逆流防止の構造が維持されていること、貯水槽は破損により外部からの汚染を受けず、その内部が清潔であること、そして、水管は漏水等の異常を認めないことを検査します。設置時には、誤飲・誤使用防止のために飲料水と配管材の種類を変え、塗装やテープ等で色を変え、飲用不可である旨の表示があり、飲料水と識別する対策等が施されているので、これが維持されているかを確認します。

　また、設置時には通水検査が行われ、配管の確認が行われますので、その後に行う飲料水や排水に関する工事、雑用水設備自体の変更工事等の際には、誤接合、誤配管がないことや逆流防止の構造が維持されていることを確認してください。

　日常点検において、点検、清掃等が行える空間があること、水槽回りが清潔であること、周辺に溜まり水や湧水がないこと、水槽に亀裂や漏水がないこと等、点検が実施されているかについても調べます。これら検査を行うためには設備図面等の書類が確実に保管されている必要があります。

4．学校の雑用水を校庭の散水に使用できますか。

原水にし尿を含む雑用水は、校庭の散水には使用できません。
　雑用水は、その用途に応じて大きく、原水にし尿を含む雑用水（し尿処理水、下水処理水等）とその他の雑用水に分けられます。し尿を含む雑用水は、人と接触するおそれのない便所洗浄水や土中配管を用いた植栽への散水及び隔壁等を設け遮蔽された場所における修景水等には使用できます。校庭等への散水、修景、清掃等には、し尿を含まない雑用水を使用します。

5．雨水を再利用して雑用水（散水、修景水、清掃）として使用する場合は、塩素剤による殺菌が建築物衛生法で義務づけられていますが、塩素系薬剤にはどのような種類がありますか。

　　塩素剤には、アルカリ性、中性、酸性の3種類あります。塩素剤のpHがアルカリ性になればなるほど、次亜塩素酸イオンの割合が高くなります。酸性側の次亜塩素酸とアルカリ性側の次亜塩素酸イオンとでは、殺菌力に大きな相違があります。そのため、迅速な殺菌が必要な場合にはpH値が低い方が好ましいといえます。
　ただし、pHが酸性になれば酸によって配管の腐食を促進してしまうおそれもあります。その他、塩素剤以外の消毒方法としてオゾン、紫外線、銀イオン等を用いる方法もありますが、塩素剤のような消毒の持続効果は期待できません。
　一方、最近は二酸化塩素によるレジオネラ属菌の消毒が行われるようになりました。二酸化塩素はガス体でその水溶液を安定的に保存できなかったのですが、二酸化塩素自動発生装置が開発され、現場で手動混合し二酸化塩素を発生させる製剤も市販されるようになり、浴場施設の循環系に存在する生物膜内のレジオネラ属菌に対して、高い殺菌力性能が発揮されています。
　二酸化塩素はプール水での使用が厚生労働省で認められており、二酸化塩素濃度を直読できる測定器も市販されています。

6．建築物衛生法による雑用水の水質基準、検査回数等は、学校環境衛生基準とは異なっているようですが、どのようになっていますか。

　　建築物における衛生的環境の確保に関する法律（建築物衛生法）と学校環境衛生基準の比較表を示します。大きな違いは検査回数と検査項目（学校環境衛生基準には濁度が入っ

ていない）です。

表2-3-5　建築物における衛生的環境の確保に関する法律（建築物衛生法）

使用範囲	項目	基準	検査回数
水洗便所洗浄水	1. pH値	5.8以上8.6以下	1回／7日
	2. 臭気	異常でないこと	1回／7日
	3. 外観	殆ど無色透明であること	1回／7日
	4. 大腸菌	検出されないこと	2月以内に1回
	5. 遊離残留塩素	0.1mg/L、結合型0.4mg/L	1回／7日
散水等	6. 濁度（上記項目に加え）	2度以下	2月以内に1回

- 供給する水が病原生物に著しく汚染されるおそれがある場合、病原生物に汚染されたことを疑わせるような生物若しくは物質を多量に含むおそれがある場合の給水栓における水に含まれる遊離残留塩素は、0.2mg/L（結合残留塩素の場合は、1.5mg/L）以上とすること。
- 雑用水槽の点検等、有害物や汚水等によって水が汚染されることを防止するための措置を講ずること。

表2-3-6　学校環境衛生基準（学校保健安全法）

使用範囲	項目	基準	検査回数
水洗便所の洗浄水、樹木への散水（人体に直接接触しない方法）	1. pH値	5.8以上8.6以下	2回／年
	2. 臭気	異常でないこと	
	3. 外観	殆ど無色透明であること	
	4. 大腸菌	検出されないこと	
	5. 遊離残留塩素	0.1mg/L、結合型0.4mg/L	

- 毎授業日に点検。
- 水源が病原生物によって著しく汚染されるおそれのある場合には、遊離残留塩素が0.2mg/L以上保持されていること。
- 給水水栓については、外観、臭気に異常がないこと。

7．雑用水の水質管理で、BTB試薬を用いてpH値を測定していますが、ガラス電極法によらなければならないとの指導を受けました。その理由は何ですか。

　　ガラス電極法は水道法の水質検査で用いられる精度が高い測定方法ですが、特定建築物の雑用水のpH値測定をガラス電極法に限定すると定めた規定や通知はありません。比色法を同等以上の精度を有する方法として測定しても差し支えないと考えられます。ただし、BTB試薬の測定範囲は、pH6～7.6なので、いわゆる万能pH試験紙で測定するのが適当と考えます。

　「建築物衛生法施行令の一部を改正する政令等の施行に関する留意事項について」（平成15年3月14日付健衛発第0314002号厚生労働省通知）の「雑用水の水質検査」では、pH値について、水質基準に関する省令に定める方法又はこれと同等以上の精度を有する方法としています。また、学校環境衛生管理マニュアル（文部科学省）では、プール水のpH測定方法として、ガラス電極法に加えて、同等以上の方法として比色法を示しています。

第2部　学校環境衛生基準

第4章
学校の清潔、ネズミ、衛生害虫等及び教室等の備品の管理に係る学校環境衛生基準

1 学校の清潔

　清潔とは、ゴミや汚れがなく綺麗な状態に保たれており、微生物が増殖したり有害な化学物質が発生したりするような状態にないことを指します。

学校の清潔

検査項目	基準	回数	方法
大掃除の実施	定期に行われていること。	3回／年	清掃方法及び結果を記録等により調べる。
雨水の排水溝等	屋上等の雨水排水溝に、泥や砂等が堆積していないこと。 また、雨水配水管の末端は、砂や泥等により管径が縮小していないこと。	1回／年	雨水の排水溝等からの排水状況を調べる。
排水の施設・設備	汚水槽、雑排水槽等の施設・設備は、故障等がなく適切に機能していること。	1回／年	汚水槽、雑排水槽等の施設・設備からの排水状況を調べる。

1．大掃除とは、どのような掃除を指すのですか。

　掃除は、日常も行われますが、学校においては、学期の終わりや始め等に日常掃除ができないような場所を大規模に時間をかけて掃除を行うことを指します。
　建築物衛生法施行規則においては、「日常行うもののほか、大掃除を、6月以内ごとに1回、定期に、統一的に行うものとする」とされています。また、建築物環境衛生管理基準における空気調和設備等の維持管理及び清掃等に係る技術上の基準においては、次のように示されています。

> **空気調和設備等の維持管理及び清掃等に係る技術上の基準**
> 第五　清掃並びに清掃用機械器具等及び廃棄物の処理設備の維持管理は、次に定める基準に従い行うものとする。
> 一　清掃
> 1　床面の清掃について、日常における除じん作業のほか、床維持剤の塗布の状況を点検し、必要に応じ、再塗布等を行うこと。
> 2　カーペット類の清掃について、日常における除じん作業のほか、汚れの状況を点検し、必要に応じ、シャンプークリーニング、しみ抜き等を行うこと。洗剤を使用した時は、洗剤分がカーペット類に残留しないようにすること。

75

3 日常的に清掃を行わない箇所の清掃について、六月以内ごとに一回、定期に汚れの状況を点検し、必要に応じ、除じん、洗浄等を行うこと。
4 建築物内で発生する廃棄物の分別、収集、運搬及び貯留について、衛生的かつ効率的な方法により速やかに処理すること。
二 清掃用機械器具等清掃に関する設備の点検及び補修等
1 真空掃除機、床みがき機その他の清掃用機械及びほうき、モップその他の清掃用器具並びにこれら機械器具の保管庫について、定期に点検し、必要に応じ、整備、取替え等を行うこと。
2 廃棄物の収集・運搬設備、貯留設備その他の処理設備について、定期に点検し、必要に応じ、補修、消毒等を行うこと。

2．排水溝の管理の意義はどのようなものですか。

　　　　排水溝が破損したり、異物が堆積すると、漏水により周囲が不衛生になり、また、微生物が発生し、悪臭がする等します。このため、排水溝の排水は、すみやかに校外へ排出される必要があり、毎学年１回定期に検査する必要があります。
　検査は、屋上等の雨水排水溝に、泥や砂等が堆積していないこと、また、雨水配水管の末端は、砂や泥等により管径が縮小していないこと等について行います。
　建築物環境衛生管理基準における空気調和設備等の維持管理及び清掃等に係る技術上の基準においては、次のように示されています。排水の施設設備についてもこのような基準にしたがって管理します。

空気調和設備等の維持管理及び清掃等に係る技術上の基準
第四　排水に関する設備の維持管理は、次に定める基準に従い行うものとする。
一　排水に関する設備の清掃
1 排水槽内の汚水及び残留物質を排除すること。
2 流入管、排水ポンプ等について、付着した物質を除去すること。
3 排水管、通気管及び阻集器について、内部の異物を除去し、必要に応じ、消毒等を行うこと。
4 清掃によって生じた汚泥等の廃棄物は、関係法令の規定に基づき、適切に処理すること。
二　排水に関する設備の点検及び補修等
1 トラップについて、封水深が適切に保たれていることを定期に確認すること。
2 排水管及び通気管について、損傷、さび、腐食、詰まり及び漏れの有無を定期に点検し、必要に応じ、補修等を行うこと。
3 排水槽及び阻集器について、浮遊物質及び沈殿物質の状況、壁面等の損傷又はき裂、さびの発生の状況及び漏水の有無を定期に点検し、必要に応じ、補修等を行うこと。

4 フロートスイッチ又は電極式制御装置、満減水警報装置、フロート弁及び排水ポンプの機能等を定期に点検し、必要に応じ、補修等を行うこと。

2 ネズミ、衛生害虫等

ネズミ、衛生害虫等の防除は、不快感や感染症を予防するために重要な項目です。

ネズミ、衛生害虫等

検査項目	基準	回数	方法
ネズミ、衛生害虫等	校舎、校地内にネズミ、衛生害虫等の生息が認められないこと。	1回/年	ネズミ、衛生害虫等の生態に応じて、その生息、活動の有無及びその程度等を調べる。

1．衛生害虫等の「等」は何を指しますか。また、衛生動物とは何ですか。

ダニや不快害虫（ヤスデのように大量に発生すると気持ちが悪い昆虫）を指しています。建築物衛生法ではネズミ、衛生害虫等は人の健康を損なう事態を生じさせるおそれのある動物として「ネズミ等」としています。

衛生上有害なものとして、マラリア、日本脳炎、ペスト、ワイル病等の疾病を媒介するもの（媒介動物）や、吸血、刺咬、接触等により皮膚炎を起こしたりするもの（有害動物）もあります。また、直接的な衛生上の害を及ぼすことはないものの、視覚、臭覚等の感覚的な不快感を及ぼす不快動物と呼ばれるものもあり、これら人体に害を与えるすべての動物を総称して、「衛生動物」と呼んでいます。

なお、「衛生動物」と「ネズミ、衛生害虫等」は同義語として使用されています。

駆除対象となるネズミ、衛生害虫等の分類
（1）媒介動物（疾病を媒介する動物）
　　ハエ、ゴキブリ、ノミ、シラミ、蚊、ツツガムシ、ネズミ等
（2）有害動物（人体に直接被害を与える動物）
　　吸血・刺咬によるかゆみや痛みを与える動物、体内に有毒物質を有し、触れたり等すると皮膚炎等を発生させる動物、アレルゲンとなる動物が含まれる。
　　①吸血　蚊、ノミ、ナンキンムシ、シラミ、サシバエ、ブヨ、ヌカカ等
　　②刺咬　ハチ、アリ、ムカデ等
　　③皮膚炎　ドクガ、タケノホソクロバ、イラガマダラガ、アオバアリガタハネカクシ等
　　④昆虫アレルギー
　　　（呼吸器アレルギー）　ヒョウヒダニ、ユスリカ等

　　　　（皮膚アレルギー）　　ツメダニ等
（3）不快動物
　　①不快感　　ハエ、ゴキブリ、チョウバエ等
　　②悪臭　　カメムシ等
　　③視覚的不快感　ヤスデ、ゲジ、カイガラムシ等
（4）その他の動物
　　　ハト、カラス等

「ネズミ、衛生害虫等駆除指導指針」（厚生労働省生活衛生局編）

2．ゴキブリについて教えてください。

　ゴキブリは、日本で57種類前後確認されていますが、屋内でも生息できるのは6種類程度（チャバネゴキブリ、クロゴキブリ、ヤマトゴキブリ、ワモンゴキブリ、トビイロゴキブリ、キョウトゴキブリ）です。そのうち、チャバネゴキブリだけは、屋内でしか生息できず、北海道でも生息が確認され、全世界に分布しています。ゴキブリの生息場所は暖かく、餌のある給食調理場、家庭科教室、職員室等の給湯室が主となります。

1）ゴキブリの種類
（1）クロゴキブリ（昆虫綱ゴキブリ目）

①体長30～40mm
②光沢のある黒褐色
③翅は雌雄とも腹端より長い
④飛ぶことができる。屋内外を行き来する。ガマ口形の卵鞘をすき間等に産みつける
⑤全国的に分布している

（2）チャバネゴキブリ（昆虫綱ゴキブリ目）

①体長11～15mm
②黄褐色
③前胸背面に1対の細長い黒斑がある
④ゴキブリで唯一、飛翔はできず、卵鞘は腹端に保持し、落とすと同時に40匹前後の幼虫が蜘蛛の子を散らすように走る
⑤3～7回/一生、産卵する

（3）ワモンゴキブリ（昆虫綱ゴキブリ目）

①体長30〜45mm
②国内最大級で、褐色で光沢あり、前胸背板に黄白色の輪のような斑紋（輪紋）がある
③南九州から種子島、沖縄にかけて生息していたが、温暖化にともない急速に分布を拡げ、現在は沖縄から北海道まで広く分布

　ゴキブリが生息しているかどうかは、ローチスポットがあるかを確認することです。白い紙を食品保管庫、冷蔵庫の下、戸棚、引き出し等に数枚2〜3日間置き、後日、ローチスポットの有無を確認します。砂粒のようなもの（ゴキブリの糞、吐物）が認められればゴキブリの防除方法を計画します。
　防除は、整理整頓とともに、薬剤に頼らざるをえません。薬剤は有機リン系、ピレスロイド系、カーバメート系がありますが、使用する殺虫剤は医薬品や医薬部外品を用います。農薬や雑品を使用してはいけません。

2）化学的防除
　殺虫剤を用いて防除を行う方法で次の3つに大別されます。
（1）残留処理
　　ゴキブリ対策で最も普通に使用される方法で、残効性のある殺虫剤をゴキブリの通路や潜伏場所に噴霧・塗布して、その上を歩いたゴキブリを接触毒により防除する方法です。一見消極的なようですが、直接噴霧が難しいため、ゴキブリの習性（夜間活動性、隅行性）を利用したこの方法が効果的です。
（2）空間処理
　　エアゾールが一般的ですが、毒性の低い殺虫剤（主にピレスロイド系）を霧状や煙霧、ガス状にして空間に充満させ、ゴキブリに吸入、接触させて防除する方法です。ピレスロイド系はフラッシング効果（隠れているゴキブリを追い出す効果）があるので、非常に有効な手段です。
（3）毒餌処理
　　ホウ酸ダンゴや錠剤型のもので、電気関係等の殺虫剤を噴霧できない場所に配置する等、効果的に使用されます。最近ではジェル状のペースト剤を生息場所の壁の隙間に塗り込む方法が飲食店等で使用されています。

3）予防方法
（1）餌を与えない
　　野菜くず、残飯、食品類は放置せず、必ず蓋付きの容器に隔離するようにし、ゴキブリに餌を与えないことが大切です。床や排水溝に落ちた残渣等もきれいに毎日清掃しておくことです。
（2）壁や天井に隙間や割れ目がある場合は塞ぎます。
（3）隠れた場所となる戸棚や引き出し等は常に清潔を心がけ、整理整頓を行いゴキブリの巣を作らせないことです。

3．ゴキブリの生息状況や駆除の効果を示す基準等はありますか。

ゴキブリの生息状況や殺虫剤等による駆除効果を客観的に把握する基準として「ゴキブリ指数」が使われています。

レベル1からレベル5まで、5つのレベルに分けられています（レベル1は指数0〜0.2、レベル2は指数0.2以上から1.0まで、レベル3は指数1.0以上から5.0まで、レベル4は指数5.0以上から25まで、レベル5は指数25以上）。0.2以下（レベル1）を目標とし、指数が1以上（レベル3）であれば駆除の必要ありと判断して駆除を実施します。

「ゴキブリ指数による発生度の評価」をもとに、ゴキブリ指数判定基準を作成しています（表2－4－1）。しかし、この指数は「良」の範囲が広く、学校給食室のゴキブリ評価に使うのは、適切ではありません（コラム参照）。

Column

　一般社団法人東京都学校薬剤師会（以下、都学薬）では12年間にわたり学校給食施設のゴキブリ調査を実施しました。その結果、捕獲されたゴキブリは、99％以上がクロゴキブリで、チャバネゴキブリは、0.03％程度でした。

　そして、ある学校において、165匹のクロゴキブリが捕獲されているにもかかわらず、ゴキブリ指数は1.0以下の「警戒水準・いない（満足）」となる問題が確認されました。そこで、都学薬においては、次の評価法を提案するとともに、使用しています。

学校給食施設におけるゴキブリ指数＝総捕獲数÷設置日数÷生徒数×1000

※小数点以下は切り捨て、総捕獲数0匹は「なし」とする。

表2－4－2　学校給食施設におけるゴキブリ指数と目標水準・対策

学校給食施設における ゴキブリ指数	目標水準	対策
なし	安全水準	駆除の必要なし
0	許容水準	ゴキブリに注意
1以上〜10未満	警戒水準	駆除の検討
10以上〜50未満	措置水準	駆除が望ましい
50以上〜100未満	早期措置水準	早めの駆除が望ましい
100以上	早急措置水準	早急の駆除が望ましい

＊トラップの設置方法：市販の粘着トラップを使い、給食施設の面積を5で割った枚数をゴキブリが生息していそうな場所を中心に約5平方メートルあたり1枚設置。
＊設置日数：3〜7日間。
＊生徒数：学校の場合：生徒数＝配膳数
＊学校給食施設におけるゴキブリ指数は1日・1配膳あたりのゴキブリ数を整数にするため1000を掛けて指数にしている。

ゴキブリ指数＝捕獲数／設置日数×インジケータ数（インジケータ１日・１個当たりのゴキブリ捕獲数）

表２-４-１　ゴキブリ指数判定基準

ゴキブリ指数	施設の評価	防除状況	対策
〜0.2以下	全くいない（大満足）	優	予防管理（目標値）
〜1.0以下	いない（満足）	良	減数管理（目標値）
〜2.0以下	若干いる	可	重点施工
〜5.0以下	いる	不可	施工
5.0以上	多い（駆除前と変わらない）	不可	徹底施工

４．校舎内で発生するネズミについて教えてください。

　日本で生息しているネズミは約20種類といわれており、その中で家屋内に生息することができるネズミは「ドブネズミ、クマネズミ、ハツカネズミ」の３種類です。

１）ネズミの種類
（１）ドブネズミ（体長220〜260mm、体重300g）

①耳は小さい（折り曲げても目に届かない）
②尻尾は短い（等胴長より短い）
③お腹の毛の色は白
④仔産数は９匹
⑤嗜好性は動物質
⑥泳ぐのが得意
⑦地上から下に棲みか（水平行動）
⑧ジャンプする高さは約80cm
⑨地下坑道の深さは35cm まで
⑩寿命は約３年

ドブネズミ

（２）クマネズミ（体長180〜240mm、体重200g）

①耳は大きい（折り曲げると目に届く）
②尻尾は長い（等胴長より長い）
③お腹の毛の色は黄白色
④仔産数は６匹
⑤嗜好性は植物質
⑥地上から上に棲みか（垂直行動）
⑦警戒心が強い

クマネズミ

⑧ジャンプする高さは約90cm
⑨都市による優占種
⑩寿命は約3年

（3）ハツカネズミ（体長60〜100mm、体重15〜20g）

①港の穀物倉庫や農村、田園地帯に多い
②水が無くても数カ月生育
③仔産数は6匹
④寿命は約1〜1.5年

ハツカネズミ

2）防鼠構造
- 地面下70cmの基礎があれば、トンネルを掘ることはできない（ドブネズミ）。
- 90cm以上はジャンプできない（クマネズミ）。
- 0.8cm以下の隙間は通過できない（ハツカネズミ）。

箇所		適用	基準
基礎	基礎壁	地中の壁脚の長さ	>70cm
	床下換気孔	金属の網・金属格子	<0.8cm
ドア		自動開閉装置	
窓	1階	窓の下端から地上の距離	>90cm

3）殺鼠剤

急性毒	・黄燐（ニンニク臭） ・リン化亜鉛（胃でリン化窒素） ・ノルボルマイド（ドブネズミ用） ・硫酸タリウム（無臭の白色結晶） ・アンツー（ドブネズミ用） ・シリロシド（ハツカネズミ用）	数時間内に致死量を摂取すると死亡
累積毒	・ワルファリン ・クマテトラリル ・フマリン	クマリン系の化合物で、血液の凝固阻止、体腔内や皮下組織を出血させて死亡（ビタミンKを破壊）
味覚忌避剤	・シクロヘキシミド	カプサイシンと同様にその物を齧らなくなるだけで、部屋から逃げることはない

4）殺虫、殺鼠剤の毒作用と治療薬

殺虫、殺鼠剤	作用	治療薬
有機リン系	ChE*を阻害	アトロピン、プラリドキシム（PAM）
カーバメイト系	ChE*を阻害	アトロピン
ピレスロイド系	不明	なし
有機塩素系	不明	なし
クマリン系	プロトロンビン生成を抑制	ビタミンK
タウリン系	細胞変性	活性炭

＊「有機リン系殺虫剤、カーバメイト系殺虫剤」はアセチルコリン（ACh）を分解する酵素（コリンエステラーゼ（ChE）を阻害するので、神経組織にAChが蓄積し、興奮、麻痺を起こさせ致死させる（ヒトに対しても同様）

5．ネズミ、衛生害虫等の検査は年何回行いますか。また、検査場所、検査方法を教えてください。

毎学年１回定期に行うことになっています。地域の特性や、対象生物の生活史、習性を考慮したうえで検査時期、項目を決める必要があります。

一般的に学校では給食施設、倉庫、ごみ置き場等に、ネズミの糞や毛、出入りする穴等がないかを確認します。壁にネズミの足跡がないかどうかも確認します。また、食品備蓄倉庫等で、食害の有無を調べます。

6．ネズミが体育館に出没しマットレス付近に糞が落ちています。どのように対処すればよいですか。

まずネズミが侵入できるような隙間の有無を確認します。ネズミは親指一本分（約１cm）の隙間があれば容易に侵入することができます。隙間があればまずそこを防鼠資材や金網等でふさぎ、侵入経路を遮断します。次に、ネズミに餌を与えないようにします。給食の残飯、食品類、野菜くず等、ネズミの餌となるものを置かないようにします。蓋付容器に入れる等配慮します。整理整頓を心がけ、ネズミに巣を作らせない環境を作ることも大切です。

日常点検を重視し、結果に基づき防除計画を作成します。ネズミ等の防除は学校だけでは難しいので、PCO（Pest Control Operator：防除業者）に委託するのもひとつの方法です。

7．ネズミが出没します。駆除の方法と予防策を教えてください。

１）機械的防除法
　（１）捕殺器、捕鼠器、粘着紙等

捕殺器、捕鼠器は、はじめから仕掛けずに、ネズミ（警戒心が強い）が慣れるまで放置します。仕掛けたら、取れなくなるまで３日間程度仕掛け続けます。

粘着紙は、器物への付着に注意して、活動場所に広く設置します。捕鼠後は直ちに回収します。ネズミは超音波でお互いに交信するので、危険を察知させないためです。

２）化学的防除法（殺鼠剤）

殺鼠剤には急性毒剤（黄燐、リン化亜鉛、硫酸タリウム、アンツー、シリロシド、ノルボルマイド）と累積毒剤（ワルファリン、クマテトラリル、フマリン）があります。累積毒剤は３～５日間連続摂取させる必要があります。ネズミは自然死に近い死に方をするので、他のネズミが警戒しな

いのが長所です。
3）環境的予防法（環境的予防の3原則）
（1）餌を与えない（1日に自分の体重の1／3程度喫食）
　　野菜くず、残飯、食品類は放置せず、必ず蓋付きの容器に隔離するようにし、ネズミに餌を与えないことが大切です。床や排水溝に落ちた残渣等もきれいに毎日清掃しておくことです。これは殺鼠剤の効果をあげるためにも重要です。
（2）通路を遮断する（1cm程度〈親指の太さ位〉の穴からも出入りが可能）
　　ネズミの侵入口や通路となる穴や隙間を防鼠資材やプラス（＋）マイナス（−）のパンチングをした金属板等でふさぎ、住みにくい環境を作ります。
（3）巣を作らせない（整理整頓）
　　ネズミの巣となるような戸棚や引き出しの中、什器類の裏は常に整理整頓をし、厨房内には不必要な物は置かないようにして、ネズミの巣を作らせないようにします。

　ネズミ等の防除は日常点検を重視することが一番大事です。点検結果に基づき防除計画を作成します。その場合IPM（総合防除）の考え方が必要となります。ネズミ等の防除は難しいので、PCO（Pest Control Operator：防除業者）に委託するのもひとつの方法です。PCOは建築物衛生法に基づく都道府県知事登録第7号建築物ねずみ昆虫等防除業者がよいでしょう。

8．IPMとはどういうことですか。

　IPM（Integrated Pest Management：総合的有害生物管理）とは、「害虫防除において、いろいろな防除手段を有機的に組み合わせ、生態系と調和を図りながら、害虫による被害を、ある経済水準以下に維持すること」と定義されています。
　「総合」とは、さまざまな防除対策を組み合わせて行うということで、薬剤偏重による環境への悪影響を低減するとともに、より効果的な防除を目的とした手法のことをいいます。具体的には、予め防除対象生物や場所ごとに「維持管理基準」を定め、事前調査により問題点や維持管理基準を超える場所をその都度見定め、状況に見合った最適な防除対策を実施し、実施後にはその効果をきちんと判定します。平成14年の建築物衛生法の改正により、特定建築物のネズミ、昆虫等の防除ではIPMの考え方を取り入れ、定期的な生息状況調査が必須項目となりました。また防除においても、今までの薬剤処理中心の防除でなく、調査し、その結果に基づき人や環境に対する影響が、最も小さくなるような方法で対策を実施することになりました。
　IPMによる調査は、害虫等の発生源や発生状況、被害状況を知る上で大変重要なことで、病害虫の発生や、感染症が発生した際にも速やかな対応が可能になります。
　今までは発生してから対策をとる方法が主に行われてきましたが、今後は環境的対策に変える必要があります。重要なことは、日常的に環境的対策を実施し、問題発生時には化学的防除が行われるよう準備を整えていくことです。

9．教室の床の隙間が真っ白になっていました。よく見ると、白い虫が大量に発生しています。これは何ですか。どのように対処すればよいですか。

　　それは、カツオブシムシと呼ばれる虫です。動物性の乾燥食品を餌にしている虫で、給食の食べこぼしが餌となっています。ヒメマルカツオブシムシの場合、発生は１～２回／年、幼虫が床の隙間に潜んで越冬し、４月中旬から下旬に蛹化し、早いもので４月下旬から羽化します。幼虫期間は餌の量と質に影響され、通常は300日内外ですが600日以上を要することもあります。成虫は晴天温暖な日に野外で活発に飛翔し、キク科の花を好んで蜜を吸います。その後、再び教室内に侵入し卵を産みます。産卵数は80～90粒で、数粒～数十粒ずつ産みつけます。

　対処法としては、床の清掃を行うことが大切です。幼虫には殺虫剤が効きにくいですが、フェニトロチオン等が有効です。

3　教室等の備品の管理

教室等の備品の管理

検査項目	基準	検査回数	検査方法
黒板面の色彩	（ア）無彩色の黒板面の色彩は、明度が３を超えないこと。 （イ）有彩色の黒板面の色彩は、明度及び彩度が４を超えないこと。	１回／年	明度、彩度の検査は、黒板検査用色票を用いて行う。

1．教室の黒板を白板に変更してもよいのですか。

　　白板は、ほうろうでできており、ほうろう白板（マーカーボード）と呼ばれています。さまざまな色のマーカーが使用でき便利ですが、白い色はグレアが発生しやすく、長時間見ていると目の疲労を感じることがあります。長時間使用する場合は、注意が必要になります。

2．ほうろう白板に明度や彩度の基準はありますか。

　　学校環境衛生基準には、ほうろう白板の基準はありませんが、JIS S 6052（2014）で基準が決まっています。

表2-4-3　ほうろう白板の基準

項目	規格			試験方法
色彩		明度	彩度	JIS Z 8722に規定する分光測光器で測定（測色試験） JIS Z 8721（表示方法）
	無彩色	8.0以上	1.0以下	
	有彩色	8.0以上	2.0以下	
光沢度	80％以下とする			JIS Z 8741（鏡面光沢度）
表面粗さ	最大高さ14μm（基準長さは2.5mm）以下とする			JIS B 0651（表面粗さ測定器）
マーカーの付きやすさ	白板面から1m離れた位置で見て、線にむらがなく、8m離れた位置で見て、線が鮮明でなければならない			
マーカーの落ちやすさ	白板面から1m離れた位置で見て、白板面に筆記跡及び消しむらがあってはならない			
付着性	素地に至る剥離があってはならない			
表面硬さ	蛍石で表面をこすったとき、きずが付いてはならない			

3．グレーの黒板が教室に設置されました。どのように管理すればよいですか。

　　グレーの黒板を検査するための色表は市販されていません。全国黒板工業連盟から「黒板検査用色票」が示されています。「◎、○、×」の簡単なものですが実用にたえると考えられます。全国黒板工業連盟に問い合わせてみてください。

4．学校環境衛生基準の改正（平成30年4月）において、机・いすの管理がなくなったのですが、何もしなくてよいですか。

　　机、いすの高さが一人ひとりの児童生徒に適合していることは、良好な姿勢の確保、疲労の防止等のため有効です。また、黒板の見えをよくします。両者とも、学習能率の向上に欠かせないものです。
　文部科学省は、局長通知（29文科初第1817号　平成30年4月2日）において、改正に係る留意事項として次のように示しています。

机、いすの高さの検査について

　机、いすの高さについては、毎学年1回定期に適合状況を調べるより、児童生徒等の成長に合わせ、日常的に個別対応する方が適切であることから、本基準の検査項目から削除したものであること。
　このことを踏まえ、学習能率の向上を図るため、日常的に、机、いすの適合状況に配慮し、疲労が少なく、生理的に自然な姿勢を保持できるような机、いすを配当する必要があること。

基準と係わりなく、座高を測定し、体に適合させることが大切です。この時期の児童生徒は身長の伸びも早いので、毎学期目視等で確認することも必要です。

簡単な適合方法は、次の通りです。
まず、いすから合わせます。

（1）いすに深く腰を掛ける。
（2）膝を90度の角度に曲げ、下肢を真っ直ぐ伸ばす。
（3）足の裏全体が床に付く。

次に、その姿勢で机を合わせます。

（1）背筋を伸ばし肩の力を抜く。
（2）下顎部を軽く引く。
（3）肘を下げ前方にほぼ90度の角度にまで曲げる。
（4）腕の高さがほぼ机上面となるようにする。

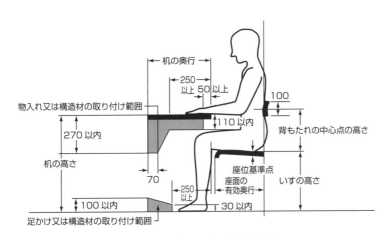

図2-4-1　机、いすの構造と姿勢
学校用家具の手引（文部省）昭和56年3月

4 基準項目以外の学校の清潔、ネズミ、衛生害虫等及び教室の備品の管理

1．ハト対策について教えてください。

ハト対策には次の4点が必要となります。
1）巣の撤去
　卵が入った巣を撤去する場合は、申請が必要です。保護団体に対する対策も必要です。欠点は、一過性なのでハトがまた来てしまう場合が多いことです。
2）環境対策
　餌となるものの管理が必要です。学校で他の動物を飼育していれば、その餌の管理の徹底、また給食関係の残飯等の管理も徹底します。近隣住民対策としては、餌付けの禁止や協力も必要です。欠点は、完全な対策をとることが難しいことです。
3）物理的防御
　ハトネット、ハトプロテクター（とまらないようなトゲトゲ）、ミラー、その他塞ぎ工事も必要です。欠点は、見た目が悪くなります。
4）減数管理
　ハト小屋で捕獲、処分しますが申請が必要です。保護団体に対する対策が必要となります。欠点は時間がかかることと、保護団体の協力も必要ですが学校という特殊環境を考えるとかなり厳しいと思います。所轄の区役所等に相談する必要があります。また、PCO（Pest Control Operater）に相談するとよいでしょう。

2．砂場の衛生管理はどうしたらよいですか。

砂場の衛生管理について平成8年9月に文部省から次の文書が発出されています。

砂遊び場（砂場）の衛生管理の徹底について（通知）

　　　　　　　　　　　　　　　　　　　　　　　平成8年9月24日　文体学第251号
　　　　　　　　　　　　　　　　　　　　　　　文部省体育局学校健康教育課長
　　　　　　　　　　　　　　　　　　　　　　　文部省大臣官房文教施設部指導課長通知

　校地・校舎の衛生管理については、かねてから学校環境衛生の基準（平成4年6月23日）及び幼稚園施設整備指針（平成5年3月31日）等に基づき、十分留意するようお願いしてきたと

ころですが、最近、特に砂遊び場（砂場）において犬猫等の糞便による回虫卵等の汚染が指摘されております。

　ついては、貴職におかれては、下記事項に留意のうえ、砂遊び場（砂場）の衛生管理の徹底を図るようお願いいたします。

記

1．砂場遊び等の際には、砂を口に入れないこと、及び、砂場遊び等を終えた場合は、速やかに石けんを使用した手洗いを行うよう指導すること。また、砂場に持ち込む遊具等の衛生管理についても、適切な指導を行うこと。
2．幼児児童等が砂場を使用する前には、必ず点検し、犬猫等の糞便が確認された場合、その周りの砂を含めて処理するなど砂場の衛生面における維持管理に十分留意すること。
3．砂場を使用していない場合には、必要に応じ、動物進入の防止のため、砂場にシートを被覆するなど適切な措置を行うこと。

3．幼稚園・学校の砂場の砂はどのように消毒したらよいですか。

砂を取り出して、熱湯をかけ、1cmの厚さで薄く敷き、時々かき混ぜて直射日光で乾燥させます。全部一度にできなければ、少しずつ消毒して入れ替えます。

　消毒業者では加熱、蒸気、薬品による処理が多いようですが、費用がかなりかかります。また、次亜塩素酸ナトリウムの散布はお勧めできません、10cmも掘ればいつまでも乾かない次亜塩素酸ナトリウムが残留した湿った砂になります。何回も散布することで残留薬品の濃度が濃くなる心配もあります。

（1）消毒薬を撒布する前
　・保健所等に犬の放し飼いを注意するようお願いします。
　・幼稚園、学校で砂場を時々見て、糞があれば砂に埋めないで、少し広い範囲の砂を取り除いたり、その他ガラス、釘、金属片、プラスチック等のかけら等の異物を注意して取り除くことが大切です。

（2）消毒方法
　・プール消毒薬（食品添加物として使用可能なもの）と同じものを利用します。
　　遊離残留塩素濃度を200〜300mg/Lに溶かした液をポリエチレン製のジョーロ（金属は腐食のおそれがあります）で砂に一様にしみるように十分散布します。
　・回数は月1回ぐらいが適当と思われます。

（3）犬や猫は乾いた砂に糞をする習性があります。また、いくら追っても朝早くや夕方に来ることが多いものです。これらのことを幼稚園児等に話し、先生に清掃してもらってから遊ぶようによく指導します。

（4）砂遊び場の砂は雨のあと固まるため、時々掘り返し（年に1〜2回程度）をして、新しいものを補給したり、消毒したりして安全を期しましょう。

（5）砂場の砂 1 g には一般細菌10^5〜10^6個程度、大腸菌群10^2〜10^3個程度及びブドウ球菌が検出されているという報告があります。

（6）その他犬、猫の忌避剤が市販されていますが後処理が大変なので、幼稚園、学校等では使用しないほうがよいでしょう。

POINT

消毒の前に、犬猫等の糞便による回虫卵等の汚染が指摘されており、目の細かい進入防止ネットで周りを囲い、上から覆うことは必須です。また、異物があればふるいで取り除く、掘り返して天地を入れ替える等、砂の乾燥を心掛けます。さらに、砂を口に入れない、砂遊び後は石けんによる手洗いを行う、砂場に持ち込んだ遊具も洗浄します。

4．学校内の芝生の管理はどうしたらよいですか。

芝生の維持管理に当たっては、薬剤を使わず雑草を抜く等の対策を行い、やむを得ず農薬を使用する場合は、下記の内容を踏まえて行ってください。

「農薬を使用する者が遵守すべき基準を定める省令（平成15年農林水産省・環境省令第5号）」及び「住宅地等における農薬使用について（平成25年4月26日付け25消安第175号、環水大土発第1304261号農林水産省消費・安全局長、環境省水・大気環境局長通知）」を遵守するとともに、農薬だけでなく防虫ネットや粘着板等を使用して病害虫や雑草の密度を低いレベルに維持する総合的病害虫・雑草管理を行い、農薬の使用回数及び量の削減に努めてください。

第2部　学校環境衛生基準

第5章
水泳プールに係る学校環境衛生基準

水質

検査項目	基準値	検査回数	検査方法	採水箇所
（1）遊離残留塩素	0.4mg/L 以上であること。また、1.0mg/L 以下であることが望ましい。	使用日の積算が30日以内ごとに1回	ジエチル-p-フェニレンジアミン法、電流法、吸光光度法、連続自動測定機器による吸光光度法、ポーラログラフ法	循環ろ過装置の取水口及び水面下約20cm 付近の3か所以上が原則
（2）pH 値	5.8 以上8.6 以下であること。		連続自動測定機器によるガラス電極法	水面下約20cm 付近の3か所以上が原則
（3）大腸菌	検出されないこと。		特定酵素基質培地法	
（4）一般細菌	1 mL 中200 コロニー以下であること。		標準寒天培地法	
（5）有機物等（過マンガン酸カリウム消費量）	12mg/L 以下であること。		滴定法	
（6）濁度	2 度以下であること。		比濁法、透過光測定法、連続自動測定機器による透過光測定法、積分球式光電光度法、連続自動測定機器による積分球式光電光度法、連続自動測定機器による散乱光測定法、連続自動測定機器による透過散乱法	
（7）総トリハロメタン	0.2mg/L 以下であることが望ましい。	適切な時期に1回以上	HS-GC-MS 法による一斉分析法 PT-GC-MS 法による一斉分析法	水面下約20cm 付近の1か所以上が原則
（8）循環ろ過装置の処理水	濁度は、0.5 度以下であること。また、0.1 度以下であることが望ましい。	1回 / 年（定期）	比濁法、透過光測定法、連続自動測定機器による透過光測定法、積分球式光電光度法、連続自動測定機器による積分球式光電光度法、連続自動測定機器による散乱光測定法、連続自動測定機器による透過散乱法	循環ろ過装置の出口

備考：検査項目（7）については、プール水を1週間に1回以上全換水する場合は、検査を省略することができる。

施設・設備の衛生状態

検査項目	基準	検査回数	検査方法
（9）プール本体の衛生状況等	（ア）プール水は、定期的に全換水するとともに、清掃が行われていること。 （イ）水位調整槽又は還水槽を設ける場合は、点検及び清掃を定期的に行うこと。	1回／年（定期）	プール本体の構造を点検するほか、水位調整槽又は還水槽の管理状況を調べる。
（10）浄化設備及びその管理状況	（ア）循環浄化式の場合は、ろ材の種類、ろ過装置の容量及びその運転時間が、プール容積及び利用者数に比して十分であり、その管理が確実に行われていること。 （イ）オゾン処理設備又は紫外線処理設備を設ける場合は、その管理が確実に行われていること。		プールの循環ろ過器等の浄化設備及びその管理状況を調べる。
（11）消毒設備及びその管理状況	（ア）塩素剤の種類は、次亜塩素酸ナトリウム液、次亜塩素酸カルシウム又は塩素化イソシアヌル酸のいずれかであること。 （イ）塩素剤の注入が連続注入式である場合は、その管理が確実に行われていること。		消毒設備及びその管理状況について調べる。

備考
一 検査項目（9）については、浄化設備がない場合には、汚染を防止するため、1週間に1回以上換水し、換水時に清掃が行われていること。この場合、腰洗い槽を設置することが望ましい。
　また、プール水等を排水する際には、事前に残留塩素を低濃度にし、その確認を行う等、適切な処理が行われていること。

屋内プール

検査項目	基準値	検査回数	検査方法
ア．空気中の二酸化炭素	1500ppm 以下が望ましい。	1回／年（定期）	検知管法
イ．空気中の塩素ガス	0.5ppm 以下が望ましい。		検知管法
ウ．水平面照度	200 lx 以上が望ましい。		照度計（JIS C 1609）

Q 1．プールに使用される消毒剤にはどのようなものがありますか。

A　塩素ガス、次亜塩素酸カルシウム、次亜塩素酸ナトリウム、塩素化イソシアヌル酸、二酸化塩素等があります。しかし、学校環境衛生基準においては、プールで使用できる塩素剤は、次亜塩素酸ナトリウム、次亜塩素酸カルシウム、塩素化イソシアヌル酸の3種類です。

次亜塩素酸ナトリウム：NaClO
次亜塩素酸カルシウム：Ca(ClO)$_2$

塩素化イソシアヌル酸
（トリクロロイソシアヌル酸）

　いずれの消毒剤も水と反応して次亜塩素酸（HClO）を生成し、この次亜塩素酸が殺菌作用を示します。殺菌の原理は同じですが、これらの消毒剤は、それぞれに特徴があります。

- 次亜塩素酸ナトリウムは、水溶液で原液は強いアルカリ性を示します。
- 次亜塩素酸カルシウムは、個体で水に溶けて中性を示します。
- 塩素化イソシアヌル酸は、個体で水に溶けて酸性を示します。

プール水は、pHが、5.8から8.6と決められていますので、この特徴を知っておく必要があります。また、有機塩素剤である塩素化イソシアヌル酸は、無機塩素剤である次亜塩素酸ナトリウムや次亜塩素酸カルシウムより、殺菌効果が長持ちするという特徴がありますが、最近のプールは、ほとんど循環ろ過装置が設けられており消毒剤が連続注入されるため、塩素剤が一定に保たれるので、残効性については、あまり考慮する必要はありません。むしろ、取り扱いやすさを考慮したほうがよいでしょう。

2．塩素剤を取り扱う場合の注意点は何ですか。

　市販されている次亜塩素酸ナトリウムは、次亜塩素酸ナトリウムと水酸化ナトリウムを含むため、アルカリ性が強く皮膚に対して強い腐食性があり、手につくと容器が滑りやすくなるので、取り扱いには注意が必要です。手等についた場合は、速やかに大量の水を使って洗ってください。また、原液は濃厚なため、消毒用塩素注入装置のノズルが詰まりやすいので、注意が必要です。

　固形の次亜塩素酸カルシウム、塩素化イソシアヌル酸の場合も、手袋をはめ、直接手に触れないようにしましょう。手等についた場合は、速やかに大量の水を使って洗ってください。

　また、吸湿性、塩素ガスの発生防止のため塩素剤どうしを混ぜないことや、個体の塩素剤は、水に濡らさないよう保管する必要があります。

3．遊離残留塩素とはどのようなものですか。

　残留塩素には、遊離残留塩素と結合残留塩素があります。

1）遊離残留塩素
　遊離残留塩素とは、塩素剤が水と反応してできるHClO（次亜塩素酸）という物質で、HClOの強い殺菌効力でプール水を消毒します。

2）結合残留塩素
　結合残留塩素とは、遊離残留塩素が水中のアンモニア性窒素と結合してできるクロラミンのことで、クロラミンは水のpHの違いによって、モノクロラミン（NH_2Cl）、ジクロラミン（$NHCl_2$）、トリクロラミン（NCl_3）になります。結合残留塩素も殺菌作用を有していますが、遊離残留塩素に比べて弱いものです。

　DPD比色法では、遊離残留塩素は1分以内に発色し、結合残留塩素はこれにヨウ化カリウムを加え2分後に発色します。この測定値が総残留塩素で、結合残留塩素は総残留塩素から遊離残留塩素

を引いて求めます。

NaOCl+H₂O=HClO（次亜塩素酸）　　+NaOH　　（遊離残留塩素）
NH₃+NaClO=NH₂Cl（モノクロラミン）+NaOH　　（結合残留塩素）
総残留塩素－遊離残留塩素＝結合残留塩素

4．DPD（N,N-ジエチルパラフェニレンジアミン）試薬で測定できるのは、遊離残留塩素だけですか。

DPD試薬を入れただけで測定できるのは、遊離残留塩素だけです。時間が経つと徐々にピンク色が濃くなりますので（結合残留塩素を測定してしまうため）、1分以内に測定します。結合残留塩素を測定する場合は、DPD試薬を入れた後にヨウ化カリウム（KI）を加えます。

5．プール使用日における遊離残留塩素の測定は、いつ（どのタイミングで）、どの場所で（何カ所）測定すればよいですか。

プール水の遊離残留塩素は、遊泳前に測定し、遊離残留塩素が0.4mg/L以上あることを確認してからプールを使用します。また、遊泳中には、1時間に1回測定します。測定箇所は3点です。プールの対角線上真ん中と両端、水面から20cmの水を採水し、測定します。

6．塩素剤を入れても遊離残留塩素が検出されません。どうすればよいですか。

遊離残留塩素が検出されない原因はいくつかあります。

①　尿、汗からのアンモニア分によって結合塩素（クロラミン）ができている。
②　鉄分等の影響で塩素が消費されている。
③　塩素不足に伴う有機物等の発生。
④　雨水の流入等による水質の悪化。
⑤　pHが極端に酸性になっている。

対策としては、pHを7.0〜7.5に調整してから塩素剤を1.0mg/Lを保つように調整して、24時間ろ過装置を運転してください。

7．遊離残留塩素の消耗速度はどれくらいですか。

天候や遊泳人数によっても異なりますが、一般に、10分間で0.1〜0.2mg/L消失します。塩素剤によっては、10分間で0.05mg/L程度のものもあります。晴天時は、紫外線による消耗が激しく、気温の上昇等でも消耗速度が増加します。

8．遊泳中に目が痛くなりました。対策はありますか。

遊離残留塩素濃度とpH値を測定して、基準値外なら調整してください（遊離残留塩素濃度とpH値が基準値内なら、目が痛くなることはまずありません）。

遊泳人数が多くなると尿や汗等によって水中のアンモニア分が多くなり、アンモニアと塩素が結合しクロラミン（NCl_3等）が発生して目を刺激する場合があります。塩素濃度を2mg/Lから4mg/Lとし、一昼夜循環ろ過をさせ、アンモニアを分解させます。

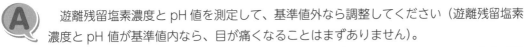
9．鳥の死骸がプールに沈んでいました。鳥を取り出すのに使った網の消毒方法、プール水とプールの壁面・底面の消毒はどのようにしたらよいですか。

網は熱湯消毒及び塩素消毒をして、乾燥させれば再度使用できます。プール水は塩素濃度を2mg/Lから4mg/Lとし、一昼夜循環ろ過をさせます。全換水する場合は、プールの壁面・底面は、使用前のように高濃度の塩素で洗えばよいでしょう。プールにカモが泳いでいて羽等が浮いていた場合も、羽を取り除いてから同様の処理をすればよいでしょう。

10. プールの腰洗い槽（高濃度塩素水）は利用したほうがよいですか。また、排水するときはそのまま排水してもよいですか。

　　　循環浄化式プールの場合、腰洗い槽の設置が任意となっています。循環ろ過装置の整備、消毒薬の自動注入装置の設置、さらに塩素系消毒剤の品質の向上等により、これらのすべての機能が適正に維持されていれば、常に遊離残留塩素濃度を基準以上に管理することが可能となることにあります。

　腰洗い槽を使用しない場合は、入泳者にシャワーを十分に浴びさせることで、プール水の汚染の要因をできるだけ減少させることが必要です。

　腰洗い槽の使用は、プール本体の遊離残留塩素濃度を維持、管理する上で有効なものです。使用、不使用については、それぞれの学校において、学校医、学校薬剤師及びその他の関係者の助言を得る等、十分に検討し、決定することが大切です。一度に多数の児童生徒が入泳する学校の場合には、シャワーで十分に身体を洗浄することは時間的に困難な場合があります。したがって、比較的短時間で有効な腰洗い槽の使用は、学校プール水の衛生管理上有効な方法です。

　一方、入換式のプールの場合は、浄化設備がなく、水の浄化が常に行われないため、水質が悪化し、遊離残留塩素濃度の維持が困難な場合も多いことから、腰洗い槽の設備及びその使用は必要になります。

　腰洗い槽を使用する場合には、遊離残留塩素濃度を50〜100mg/Lとします。腰洗い槽の水を排水する場合、遊離残留塩素濃度が高く、そのまま排水すると放流先の魚等、生物への影響が大きいので、チオ硫酸ナトリウム等の中和剤で遊離残留塩素濃度が検出されないレベルまで低減化してから排水します。

11. 足洗い場、腰洗い槽の塩素を簡単に測定する方法を教えてください。

　　　足洗い場や腰洗い槽の遊離残留塩素濃度は、50〜100mg/L程度で、通常のプール水の残留塩素濃度より高濃度であるため、プール水の低濃度残留塩素測定機材では測定できません。

　高濃度の残留塩素を測定するためには、①試料を蒸留水等、遊離残留塩素を含まない水でプール水の残留塩素濃度レベルまで希釈し、低濃度測定機材で測定する、②遊離残留塩素測定器や遊離残留塩素測定用試験紙で、高濃度用のものが市販されているため、これらを利用し測定する等、比較的簡単に測定できます。

12. 塩素剤の殺菌力は菌に対してどの程度ですか。

塩素剤の濃度と菌の死滅時間です。

表2-5-1 各細菌に対する遊離残留塩素の殺菌力（TONNYによる）

遊離残留塩素濃度	15～30秒間で死滅する菌
0.1 mg/L	チフス菌、赤痢菌、淋菌、コレラ菌、ブドウ球菌
0.15mg/L	ジフテリア菌、脳脊髄膜炎菌
0.2 mg/L	肺炎双球菌
0.25mg/L	大腸菌、溶血性連鎖球菌

プールで最も注意しなければならない感染症の原因となるアデノウイルスは、遊離残留塩素を0.4mg/L以上保持すれば1分以内に不活化され、感染することはないと考えられます。

13. プール水が着色しています。考えられる原因は、どのようなことですか。また、対策はどのようにすればよいですか。

1）白濁する場合
　循環ろ過装置の機能が十分に働いていないことが考えられます。まず、ろ過装置を点検し、故障の場合は、修理を依頼しましょう。
　次に、pHを測ってみましょう。砂ろ過方式等、ろ過装置の種類によっては、pHが酸性に傾くと凝集剤によるフロックが形成されずに十分なろ過が行われない場合があります。この場合は、pHを中性とし、循環ろ過装置を一昼夜運転します。ろ圧が高い場合は、ろ材の洗浄または交換を行います。
2）茶褐色に変色している場合
　鉄（溶解鉄）やマンガンの濃度が高く、これらが塩素で酸化され黄褐色になります。プール水のpHを弱アルカリ性（pH7.5～8.0）にしてコロイドやフロックを形成しやすくし、循環ろ過装置を一昼夜運転するとかなり取り除くことができます。また、マンガンの除去には塩素系殺菌消毒剤を使用し遊離残留塩素濃度を2～3mg/Lとし、ろ過装置で除去します。
3）緑色に変色している場合
　藻類の繁殖が原因です。通常の塩素濃度が保たれている場合、藻が発生することはありませんが、雨天続き等によって残留塩素がなくなり、1～2日で藻が発生することがあります。藻が発生した場合、例えば遊離残留塩素濃度を2～3mg/L程度に保ちながら、ろ過装置を一昼夜運転すると除去できます。藻の発生を防ぐためには、塩素剤を切らさないようにすることです。
4）青色に変色している場合
　藻類の繁殖初期の可能性があります。薄い緑色が晴天の青空の映りこみや、光の反射と吸収の影響で青く見える場合があります。対応は緑色に変色した場合と同じです。

14. プール水が臭うのですが、原因はどのようなことが考えられますか。また、対策はどのようにすればよいですか。

プール水の臭いの原因は、藻の発生による場合が多いです。水の濁り、ヌルヌル感があれば藻を取り除いてください。水が古くなっている場合は、過マンガン酸カリウム消費量をチェックして、基準値を超えているようなら補給水を入れるか換水してください。

　藻が発生した場合、簡単には取り除くことができません。Q13の3）によるか、それでも取り除けない場合には、プール水を抜き、壁面、床を塩素剤1～2mg/Lの水でデッキブラシ等を使用し取り除いてください。

15. プール水のpHの管理は、なぜ必要なのですか。

プール水のpHは、遊離残留塩素の殺菌効果と関係があります。学校で使用される塩素系殺菌消毒剤は、水に溶けて、次のようになります。

$NaClO + H_2O \rightarrow NaOH + HClO$　　　　（1）

$HClO \Leftrightarrow H^+ + OCl^-$　　　　（2）

※酸性の場合、この平衡式は左へ傾き、アルカリ性の場合は、右へ傾きます。

1）酸性の場合
　ろ過方式ではろ過能力が低下します。また、施設、設備、機械類の金属類と反応し、金属のイオン化を促進します。長期的には腐食を起こします。酸性化が進むと粘膜に対する刺激作用が強くなります。
　pHが5.8以下の酸性になると、HCl（塩化水素：塩酸）が生じHClO（次亜塩素酸）が生じないために、遊離残留塩素が検出されにくい場合があります。

2）アルカリ性の場合
　水がヌルヌルし、滑りやすくなります。また、酸性化と同様に粘膜を刺激します。

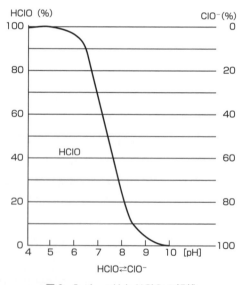

図2-5-1　pHとHClOの解離

　pHによるHClOとOCl⁻の関係を図に示します。
　塩素系殺菌剤の殺菌消毒効果のもととなるHClOは、アルカリ性が強くなるとOCl⁻イオンが優位を占め（多くなり）、殺菌消毒効果を減退させることとなります。OCl⁻は、HClOと比較すると

殺菌力が1/100といわれており、迅速な殺菌を必要とする場合は、あまりpH値が高いことは好ましくありません。
　pHの測定方法としては、BTB指示薬等を使用し比色板（コンパレーター）と比較する比色法、BTB試験紙を利用した比色法、デジタル表示のpHメーターを使用するガラス電極法があります。

16．プール水のpH値異常の原因とその調整法について教えてください。

　pH値異常の原因には次のことが考えられます。
１）酸性化している場合
　砂式循環ろ過器に使われている凝集剤（硫酸バンド）及び凝集促進補助剤（硫酸アルミニウム、ポリ塩化アルミニウム）によって起こります。塩素系殺菌消毒剤のうち、トリクロロイソシアヌル酸製剤の連続使用の際、補給水の不足が重なると酸性に移行します。
２）アルカリ性化している場合
　プール水の殺菌消毒剤として、次亜塩素酸ナトリウム水溶液を使用すると、水溶液中に溶存する水酸化ナトリウムによってアルカリ性を呈します。さらし粉を殺菌消毒剤として使用すると、混合する水酸化カルシウムによって、アルカリ性を呈します。

　pH値の異常の調整方法は次のとおりです。
１）酸性化している場合
　ソーダ灰（炭酸ナトリウム）で中和します。必要とするソーダ灰の添加量は、中和剤の中和曲線よりその時示しているpH値に対応する添加剤の量を読み取り、その量を添加します。
２）アルカリ性化している場合
　酸性硫酸ナトリウム（硫酸水素ナトリウム）を使用して中和します。必要となる酸性硫酸ナトリウムの添加量は、酸性化の場合と同様、その中和剤の中和曲線より必要な添加剤の量を読み取り、その量を添加します。
　中和曲線は現場では不明の場合が多いです。詳しくは学校薬剤師に指導を受けるとよいでしょう。
　概略ですが、酸性の場合、pH１上げるには、炭酸ナトリウムを100m³当たり3kg投入します。また、アルカリ性の場合は、pH１下げるのに硫酸ナトリウムを100m³当たり2.5kg投入します。

17．大腸菌が検出された場合、どのように対処すればよいですか。

　遊離残留塩素濃度が基準値以上あれば、大腸菌が検出されることはまずありません。したがって、最初に確認することは、採水時の遊離残留塩素濃度です。遊離残留塩素濃度が基準値以下の場合は、塩素剤で基準値以上に保つようにしましょう。次に、pHを確認してくださ

い。アルカリ性に傾いている場合は、pH 調整剤を使用して中性にしてください。プールの使用を中止し、遊離残留塩素を 2 mg/L 程度にし、一昼夜循環ろ過装置を運転します。大腸菌の再検査をし、検出されないことを確認してからプールの使用を開始します。

18. 一般細菌が基準値をオーバーしたのですが、どのように対処すればよいですか。

大腸菌と同様の対処をします。遊離残留塩素濃度を適切に管理することで一般細菌の増加を抑えることができます。必要に応じて、水の入れ替え、ろ過器や配管の清掃等をする場合もあります。これらの対策を取ったうえで再検査し、基準値以内であることを確認します。

19. プール病が発生した場合の対処方法を教えてください。

一般にプール病とは咽頭結膜熱や流行性角結膜炎等をいいます。原因は塩素による殺菌消毒の不足によるもので、残留塩素濃度を常時0.4mg/L 以上保持してください。プールで感染するウイルスであるアデノウイルスは、0.4mg/L 以上保持すれば、1 分以内で不活化します。

このような感染症を防ぐために、プール水は塩素で消毒され、その濃度はウイルスを不活化する0.4mg/L 以上で保たれています（水道水は0.1mg/L 以上）。

塩素は晴天日には10分間に0.1mg/L 以上消費されるため、プール管理者は毎日、遊泳前と遊泳後に、また、気温が高く日射量が多い日には、遊泳の最中の塩素濃度測定も必要な場合があります。これらの遊離残留塩素測定値は、プール日誌に記録することが求められています。基準値以下の濃度の場合は、塩素濃度を基準値に調整するために、塩素剤を追加する、もしくは遊泳を中止する処置がとられ、感染症を未然に防いでいます。

学校は、プール水の水質基準項目である水素イオン濃度、濁度、過マンガン酸カリウム消費量、一

表2-5-2　プール水で感染する病気

病 名 （通称）	咽頭結膜熱 （プール熱）	流行性角結膜炎 （はやり目）	急性出血性結膜炎 （アポロ病）	伝染性軟属腫 （水イボ）
病原体	アデノウイルス	アデノウイルス8型	エンテロウイルス70型 コクサッキーウイルス	ポックスウイルス
感染経路	プール水			接触
潜伏期間	3～4日	5～7日	約1日	2～6週間
主な症状	咽頭炎、結膜炎、高熱（38～40度）	結膜炎、耳前腺腫脹、角膜の混濁、眼瞼及び眼の周囲の浮腫	眼瞼腫脹、結膜充血、耳前リンパ節炎、球結膜出血、強い眼の痛み	ピンク若しくは白色の球疹、中央にくぼみ、大きさは 1～10mm で同じ部位に数個発生
好発年齢	児童	全年齢層	全年齢層	幼児、児童

般細菌、大腸菌等について、プールの使用日数が30日を超えない範囲で1回以上、定期に検査を行い、基準値以内かどうかの確認を行うことが義務付けられています。基準値以上の細菌類が検出された場合は、塩素消毒を強化し、その原因を究明します。プール利用者に求められる感染症の予防策としては、遊泳後のうがい、手洗い、洗眼、シャワーを浴びる等があります。

20. プール使用後の洗眼は、目のためによいのですか。またゴーグルを使用すれば、洗眼の必要がなくなりますか。

プール後の洗顔とゴーグル使用についての学校保健委員会が見解を公表しています。
日本眼科医会学校保健委員会（平成26年7月）
「日本の眼科」第85巻第7号945頁掲載

1．プール活動では、眼表面の保護のためにゴーグルの使用が望ましい。
　なお、小学校学習指導要領解説体育編（平成20年6月）にある、水に慣れるため（水を怖がらなくなるように）という教育的配慮等から実施される「一時的にゴーグルを使用しない水泳指導」の場合には、あくまで短時間で終了すべきである。
2．プール活動では、コンタクトレンズの装用は望ましくない。
　ゴーグル使用時でもプール水が眼表面に触れる可能性は高く、その場合には、コンタクトレンズが汚染され、眼障害を引き起こすことがある。
3．プール活動後の水道水による洗眼は、水勢の弱いシャワー等で数秒間なら実施してもよい。
　ゴーグル使用時でもプール水が眼表面に触れる可能性が高いため、眼表面の残留塩素濃度を薄めたり、微生物を洗い流す等の効果が期待できる。また、化学薬品等の飛入の際の洗眼を怖がらずにできるようになる利点もある。
　但し、数秒を超える水道水による洗眼は、角結膜上皮の障害をもたらす可能性があるので好ましくない。むしろプール活動後は、人工涙液による点眼も好ましい対応を言える。

　現在では、学校種に関わらずほぼすべての学校はゴーグルの使用が許可されており、最近は申し出ればほとんどの学校で許可されているようです。水中で目を開ける指導を行った場合には、事後に適切な対処をすることも大切です。
　洗眼は遺物や微生物を洗い流す等の効果が期待できます。また、化学薬品等の飛入の際の洗眼を怖がらずにできるようになる利点もあります。
　一方で、洗眼設備の水圧は高いと危険なので、児童生徒が操作できない個所に元バルブなどを設け、全開しても10〜30cm程度しか吹き上がらないようにし、その頂点で洗眼を行うように指導します。また、数十秒に及ぶ洗眼は水道水に含まれる残留塩素などにより、眼の防御機構を担っている涙液層や角結膜上皮に影響があります。
　洗眼は数秒にし、プール活動後は、人工涙液による点眼が好ましい対応といえます。

21. プール水の総トリハロメタン分析用のための検体採水上の注意点を教えてください。

　　総トリハロメタン（THM）の採水は、他の理化学検査や細菌検査と同一地点で採水します。容器は、ポリテトラフルオロエチレン（PTFE）張りねじ口ガラス瓶等を使用します。泡立てないように静かに採水し、pH値が約2となるように塩酸（塩酸1に対し精製水10の割合で希釈したもの）を試料10mLに付き1滴程度添加し、さらに、遊離残留塩素を除去するため、アスコルビン酸ナトリウム0.01〜0.02gを加えただちに水があふれるような状態にして密栓します。この時、空気が入っていると、輸送中等、試験をするまでに、水中のトリハロメタンが空気中にガス体として抜け出るため、空気がない状態にあることを確認します。

　　学校環境衛生基準には、トリハロメタンの基準がありますが、屋外にあるプールにおいては、トリハロメタンが基準を上回ることは、まずないでしょう。

22. 紫外線による肌の過敏症があります。日焼け止めクリームを使ってもよいですか。

　　よいでしょう。しかし、オーバーフロー水を確実に注入する等、汚染に注意してください。紫外線防御剤（耐水性サンスクリーン剤）を使用しても汚濁されないことは、複数の実証実験で明らかになっています。必要な時には使用を許可しましょう。日本臨床皮膚科医会・日本小児皮膚科学会では、子どもが使うのに適した紫外線防御剤を推奨しています。参考にしてください。
① 「SPF15以上」、「PA++〜+++」が目安
② 「無香料」「無着色」の表示があるものに制限
③ プールでは「耐水性」又は「ウォータープルーフ」表示のもの

23. プールの清掃は、どのようにすればよいですか。また、どのようなことに注意しなければいけないですか。

　　およそ8ヶ月間使用していなかったプールには、さまざまな汚れや藻が発生しています。そのため、プールは、使用開始前に清掃をします。藻等が発生して汚れがひどいときは、清掃の数日前に、塩素濃度が通常の数倍（2〜3mg/L）になるよう塩素剤を投入し、循環ろ過装置を稼働します。清掃日にはプール水を抜きますが、遊離残留塩素濃度が、0.4mg/L以下になっているか確認してください。濃度が0.4mg/L以上の場合は、水で希釈またはチオ硫酸ナトリウム、次亜

硫酸ナトリウム等で遊離残留塩素を消失させてから放流します。その際、プールの底面に5〜10cmほど水を残しておくと、清掃が容易になります。

次にデッキブラシ等で底面、壁面等をこすり汚れを落とします。落ちにくい汚れは、洗剤を使用して汚れを落とします。完全に水を抜いて、水道水で壁面等に残った汚れを流し落とします。

水が抜けたら、コースラインが鮮明か、亀裂、破損箇所等、構造設備、附属施設等を点検修理します。また、プール水の排水口や循環ろ過水の取水口に入泳者が吸い込まれないよう、格子蓋等がボルト等で確実に固定されているかどうか確認します。

プールサイド、附属設備等も掃除します。

24. スーパークロリネーション処理とはどのような処理ですか。

スーパークロリネーション処理とは、遊離残留塩素濃度を2〜3mg/Lに保ち、循環ろ過装置をおよそ24時間連続フル運転させることです。藻類が発生した場合やプール水が着色した場合、一般細菌や大腸菌が基準値を上回った場合等に行われる処理です。

25. 循環ろ過装置の1日のターン数はどれくらいがよいですか。

プール本体の総水量が入れ替わる循環回数をターン数（循環率）と呼びます。24時間1ターンでの浮遊物の除去率はおよそ65％、5ターンだと99％ほどです。したがって、1日当たり3ターン以上が必要で、24時間稼働することが大切です。

26. 砂式ろ過装置に使う硫酸バンドの使い方はどのようにすればよいですか。

硫酸バンド（硫酸アルミニウム）は、プール水の汚れを取るための凝集剤として使用しますが、そのままでは酸性であるため、フロック（塊）を形成しません。そのため、ソーダ灰（炭酸ナトリウム）を加えて中性とします。使用比率は硫酸バンド2：ソーダ灰1の割合です。

なお、硫酸バンドの使用量はプール水量に対して4～8mg/Lが望ましいとされています。
凝集剤には、その他、PAC（ポリ塩化アルミニウム）があります。

27. プール水の採水容器はどのようなものが必要ですか。また、どのようなことに注意すればよいですか。

　プール水の採水には、一般の理化学検査用の採水容器、細菌検査用の採水容器、総トリハロメタン検査用の採水容器の3種類が必要です。

理化学検査用採水瓶は、500mL以上のガラスまたはポリエチレン製の容器を用意します。細菌検査用採水瓶は、200mLのガラスまたはポリエチレン製の瓶にチオ硫酸ナトリウム（ハイポ）の粉末0.02～0.05gを入れて滅菌した瓶を用意します。

採水時注意することは、ガラス瓶は割れるおそれがあるので、可能な限り、プール及びプールサイドに持ち込まないこと、プールからの水の汲み取りはガラス製のものは使わないことが大切です。また、作業はできるだけプール内の流しで行うこと等、プールに薬品が入らないように、細菌検査用の滅菌瓶に入れるチオ硫酸ナトリウムは採水後に入れる方式もあります。

検査は、採水後、速やかに実施します。速やかに実施できない場合は、理化学検査では、冷蔵庫等の冷暗所に保存し採水後24時間以内に、細菌検査、総トリハロメタン検査についても、冷蔵庫等の冷暗所に保存し12時間以内に試験します。

28. プール水の検体の採水箇所について教えてください。

　プール水の水質検査は、児童生徒の遊泳時に行います。遊離残留塩素濃度の採水箇所は、「学校環境衛生管理マニュアル」によれば、遊離残留塩素、pH値、大腸菌、一般細菌、有機物等、濁度とも長方形のプールにおいては、「プール内の対角線上のほぼ等間隔の位置で、水面下約20cm付近の3か所以上を原則とする。」とされています。その他の形状のプールでは、これに準じて、適切な箇所を選定します。総トリハロメタンは1か所以上を原則としています。

29. プールの使用にあたって、その水温はどのように判断すればよいですか。

学校環境衛生基準には、水温の基準はありませんが、文部科学省の資料によれば、「低学年や初心者ほど水温に敏感で、一般的に22℃未満ではあまり学習効果は期待できません。そのため、水温は23℃以上であることが望ましく、上級者や高学年であっても22℃以上の水温が適当といえます。」（学校体育実技指導資料第4集「水泳指導の手引（改訂版）」、文部科学省）としています。

　また、厚生労働省の「遊泳用プールの衛生基準」（厚生労働省健康局長：平成19年5月28日）によると、「プール水の温度は、原則として22℃以上とすること。」とされているため、22℃以上の水温を目安とすることが適当と考えます。

　現在、室内競泳用のプール水温については国際規格で、摂氏25℃から28℃までの範囲内に収まるよう調節しなければならないとされています。

POINT

東京都の通知（昭和50年6月3日50衛環水第31号、平成19年11月21日19福保健衛第849号）においても、「遊泳用プールの衛生基準」（厚生労働省）と同様の温度が示されています。

30. 幼稚園等で使われている組み立て式プールについてはどのような水質管理をすればよいですか。

　　　幼稚園の組み立て式プールについても、水質管理については、「学校環境衛生基準」を参考にして安全と衛生管理に努めてください。具体的には幼稚園によって事情が異なりますので、担当学校薬剤師は適切な指導、助言をする必要があります。

　幼稚園の場合、シャワーや腰洗い槽、足洗い槽がない場合が多く、プール水が汚れがちになりやすく、水質管理には特に注意が必要です。幼児の健康観察を行うとともに、足、身体を十分洗浄した後（できれば温水）、プールに入らせるようにしてください。年齢が低いことから、水温にも配慮が必要です。

　日常点検では遊離残留塩素の測定を必ず行います。基準は、どの部分でも遊離残留塩素濃度が0.4mg/L以上、1.0mg/L以下であることが望ましいとされています。水量が少ないため、気温や天候によっては、水量に対して規定通りの塩素剤を投入しても、1時間もたたないうちに遊離残留塩素が消費されてしまうことがめずらしくありません。遊離残留塩素濃度は、残留塩素測定器等を用いて測定します。

　その他、透明度や危険物等の有無等の点検も行ってください。

　また、腰洗い槽がないところであれば、代わりにベビーバスやタライを用いてもよいでしょう。この場合でも遊離残留塩素濃度は50～100mg/Lを保つように塩素系殺菌消毒剤を加えます。例えば、60%有効塩素濃度の薬品では水1m^{3}に対し150～200gの割合で入れると基準値になります。なお、アトピー性皮膚炎等を起こしている子どもや、塩素に過敏な症状を示す子どもは、適温の水で、おしり等を石けんを用いて丁寧に洗ってから、プールに入るようにするとよいでしょう。

31. プール排水口での事故を防止するには、どのような点に注意すればよいですか。

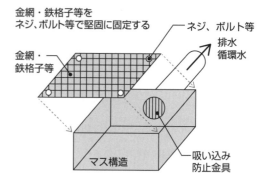

排水口や循環浄化装置の環水口には鉄蓋や金網が必ず設けてありますが、プールの清掃時に移動させたまま締めるのを忘れたり、いたずら等により外されたり、しっかりと固定されていない場合、また、サビによりプールの使用中に固定していたネジが破損する等によって、足等を引き込まれる事故が発生しています。

図2-5-2　プールの底にある排水溝（例）

文部科学省、国土交通省では、平成19年3月「プールの安全標準指針」を策定しました。また各自治体でも独自の安全対策がはかられることとなったので、それらにしたがって安全管理に万全を期さなければなりません。

「プールの安全標準指針」には「吸い込み事故を未然に防止するため、排（環）水口の蓋等をネジ、ボルト等で固定させるとともに、配管の取り付け口には吸い込み防止金具等を設置する等、二重構造の安全対策を施すことが必要である。排（環）水口の蓋等、それらを固定しているネジ、ボルト等は、接触によるけがを防止できる仕様とすることや、蓋等の穴や隙間は、子どもが手足を引き込まれないような大きさとする等、材料の形状、寸法、材質、工法等についても十分な配慮が必要である。」との記述があります。

また、日常的に、児童生徒に対しては、次の様な指導が必要です。
（1）排水口や還水口の蓋や金網を移動したり、外したりしないよう十分指導する。
（2）蓋や金網の異常を発見したり、溝の中に物が落ちていたりした場合は、児童生徒が自分で取ることなく、必ず教師に連絡し、処置するよう指導する。

32. プール条例と学校環境衛生基準の違いはありますか。また、厚生労働省の「遊泳用プールの衛生基準」との関係を教えてください。

学校環境衛生基準は文部科学大臣告示であり、全国一律の学校に関する基準です。一方、条例は、地方自治法の規定に基づき制定されるもので、その地域にしか適用されません。厚生労働省の基準も、学校には適用されません。

> **POINT**
>
> 東京都は「プール等取締条例」を設けています。また、東京都特別区もプール条例を設けています。

第6章

日常における環境衛生基準に係る学校環境衛生基準

1　教室等の環境

検査項目	基準	点検方法
（1）換気	（ア）外部から教室に入ったとき、不快な刺激や臭気がないこと。 （イ）換気が適切に行われていること。	官能法
（2）温度	17℃以上、28℃以下であることが望ましい。	温度計
（3）明るさと 　　まぶしさ	（ア）黒板面や机上等の文字、図形等がよく見える明るさがあること。 （イ）黒板面、机上面及びその周辺に見え方を邪魔するまぶしさがないこと。 （ウ）黒板面に光るような箇所がないこと。	官能法
（4）騒音	学習指導のための教師の声等が聞き取りにくいことがないこと。	官能法

2　飲料水等の水質及び施設・設備

検査項目	基準	点検方法
（5）飲料水の 　　水質	（ア）給水栓水については、遊離残留塩素が 0.1mg/L 以上保持されている。ただし、水源が病原生物によって著しく汚染されるおそれのある場合には、遊離残留塩素が0.2mg/L 以上保持されていること。 （イ）給水栓水については、外観、臭気、味等に異常がないこと。 （ウ）冷水器等飲料水を貯留する給水器具から供給されている水についても、給水栓水と同様に管理されていること。	DPD 法 官能法
（6）雑用水の 　　水質	（ア）給水栓水については、遊離残留塩素が 0.1mg/L 以上保持されている。ただし、水源が病原生物によって著しく汚染されるおそれのある場合には、遊離残留塩素が 0.2mg/L 以上保持されていること。 （イ）給水栓水については、外観、臭気に異常がないこと。	DPD 法 官能法
（7）飲料水等 　　の施設・ 　　設備	（ア）水飲み、洗口、手洗い場及び足洗い場並びにその周辺は、排水の状況がよく、清潔であり、その設備は破損や故障がないこと。 （イ）配管、給水栓、給水ポンプ、貯水槽及び浄化設備等の給水施設・設備並びにその周辺は、清潔であること。	官能法

3　学校の清潔及びネズミ、衛生害虫等

検査項目	基準	点検方法
（8）学校の清潔	（ア）教室、廊下等の施設及び机、いす、黒板等教室の備品等は、清潔であり、破損がないこと。 （イ）運動場、砂場等は、清潔であり、ごみや動物の排泄物等がないこと。 （ウ）便所の施設・設備は、清潔であり、破損や故障がないこと。 （エ）排水溝及びその周辺は、泥や砂が堆積しておらず、悪臭がないこと。 （オ）飼育動物の施設・設備は、清潔であり、破損がないこと。 （カ）ごみ集積場及びごみ容器等並びにその周辺は、清潔であること。	官能法
（9）ネズミ、 　　衛生害虫等	校舎、校地内にネズミ、衛生害虫等の生息が見られないこと。	官能法

4　水泳プールの管理

検査項目	基準	点検方法
(10) プール水等	(ア) 水中に危険物や異常なものがないこと。 (イ) 遊離残留塩素は、プールの使用前及び使用中1時間ごとに1回以上測定し、その濃度は、どの部分でも 0.4mg/L 以上保持されていること。また、遊離残留塩素は 1.0mg/L 以下が望ましい。 (ウ) pH 値は、プールの使用前に1回測定し、pH 値が基準値程度に保たれていることを確認すること。 (エ) 透明度に常に留意し、プール水は、水中で3m 離れた位置からプールの壁面が明確に見える程度に保たれていること。	官能法 DPD 法 比色法
(11) 附属施設・設備等	プールの附属施設・設備、浄化設備及び消毒設備等は、清潔であり、破損や故障がないこと。	官能法

1．換気における日常点検において、教職員は具体的にどんなことをするのですか。また、留意点も教えてください。

点検の内容は、以下の通りです。
　（ア）外部から教室に入ったとき、不快な刺激や臭気がないことが必要です。
（イ）換気が適切に行われていることが必要です。
点検方法は、以下の通りです。

- 鼻で臭気を感じるかどうかで判断します。
- 休み時間のみならず授業中にも窓の開放や換気扇等により換気を行い、廊下側の上部の窓（欄間）は開けておきます。
- 美術室や理科室、図工室で刺激臭のもの、接着剤やシンナー等揮発性有機溶剤等を使用する場合は換気を十分にするよう特に注意します。

留意点は、以下の通りです。

- （冷）暖房をしているときは換気回数を多くします。
- カーテンを閉めている場合には換気が十分行われにくく、換気を忘れがちになるので、留意します。

2．学校で一酸化炭素中毒とみられる事故がおきました。一酸化炭素は無味無臭なので基準の「1（1）換気の（ア）（イ）」だけでは不十分ではないですか。

暖房器具やガス台等のある実習室等は、器具点検の際に異常を感じたら、定期検査で用いるガス検知管を使用して検査してみるとよいでしょう。揮発性有機化合物等、不快な刺激や臭気等、五感によるもので異常を感じるものもありますので、少しでも異常を感じたら原因を追究しましょう。

過去にも、古い円柱形のストーブを消火する際に点火芯が完全に収納されず、火が燻った可能性が高く、さらに設置してあった火災報知器が煙を感知しない「熱感知器」であったために、作動しなかったと考えられる事故がありました。この事故に関しては、事後処置として、煙も感知する火災報知器や新しい暖房器具を設置した例があります。

また、調理実習室で多数のガス栓を多人数が同時に使用したため、点火、消火の際に出る微量のガスが教室に充満して、問題になったことがあります。

これらは、二酸化炭素の検査では確認できません。この検査は、人間の呼気や燃焼器具の完全燃焼による濃度の増加を想定しているもので、人数が少ない教室等では（気密性の度合いにもよりますが）、窓を締め切った状態にしていても二酸化炭素濃度は上がりません。しかし、揮発性有機化合物は、増加します。

換気回数についての記述は、学校環境衛生基準からなくなりましたが、旧基準の換気回数を参考に、日常から十分な換気量を確保することが大切です。

> 換気回数は、40人在室、容積180m^{3}の教室の場合、幼稚園・小学校においては、2.2回／時以上、中学校においては、3.2回／時以上、高等学校等においては、4.4回／時以上であること。

3．温度における日常点検において、教職員は具体的にどんなことをするのですか。また、留意点も教えてください。

点検の内容は、以下の通りです。
- 17℃以上、28℃以下であることが望ましい基準です。

点検方法は、以下の通りです。
- 温度は、温度計で測ります。

留意点は以下の通りです。
- 室温測定は教室で数か所の測定を行い、評価することが望ましいですが、条件の悪い場所において測定をしておくことも環境改善へとつながるでしょう。温度計は定期検査で用いる温度計と同様の精度を求めるものではありませんが、定期検査等を活用して、温度計が適切な指示値

であるか確認しましょう。

 4．室温が28℃を超える日が1カ月以上続くのですが、一向に冷房設備は設置されません。「望ましい」では改善されないのですか。

 　日常点検の結果を毎授業日に記録し保管することで、そのような実態が継続していることを記録として残すことができます。データの蓄積と検討は改善へと近づく最良の方法です。備考欄に「適、不適」だけでなく、数値を記入しておけば、より確実なデータとなるでしょう。また、このような場合、校長は設置者に改善するよう求めましょう。

 5．明るさとまぶしさにおける日常点検において、教職員は具体的にどんなことをするのですか。また、ICT環境を導入する場合に参考となる留意点も教えてください。

 　点検の内容は、以下の通りです。
　（ア）黒板面や机上等の文字、図形等がよく見える明るさがあることが必要です。
（イ）黒板面、机上面及びその周辺に見え方を邪魔するまぶしさがないことが必要です。
（ウ）黒板面に光るような箇所がないことが必要です。
点検方法は、以下の通りです。
・人の目で判断します。
・「暗い所」、「まぶしさ」、「最大照度と最小照度との差」は目を疲労させ、学習能力を低下させます。明るい所にいた時と暗い所にいた時では同じ照度でも、明るさの感覚が違ってきます。
・教室に入ったら、授業を始める前に、直射日光が当たっている場所はないか、カーテンやブラインドの不備や破損がないかを点検し、窓側前列と最後尾、廊下側前列と最後尾の児童生徒の机に座ってみるか、同じ目線で黒板を見て、まぶしさはないか、テレビやパソコンのディスプレイに見え方を妨害するものはないか等を点検します。
留意点は以下の通りです。
・授業中も、子どもたちが机上面が暗いと感じたり、直射日光等によりまぶしいと感じていないかどうかに留意します。また子どもたちにも不快感を感じたら教師に伝えるように指示しておくとよいでしょう。
また、ICT環境を導入する場合の留意点は以下の通りです。
①十分な大きさと反射しづらい電子黒板の導入
②反射防止対策が施された照明
③反射防止のための遮光カーテンと通常のカーテンの併用

④状況に応じて廊下側にもカーテンを設置
⑤電子黒板の付近のみを消灯できる照明スイッチ
⑥高さが調整できる机・いす
⑦グループ学習等に柔軟に対応できるタブレット PC
⑧タブレット PC に角度をつける
⑨教科書、ノート、タブレット PC を並べて置ける広さのある机
⑩持ち運びがしやすく丈夫なタブレット PC

6．教室の照明を LED 照明にしたのですが、まぶしさを感じます。どのようにすればよいですか。

　　　LED 照明は、白熱電球に比べて寿命が長く省エネです。また、蛍光灯に比べても若干の省エネ効果が認められるので、学校の照明としても使用されるようになってきました。しかし、LED 電源は、指向性が強いので光の広がりが狭くなり、光源が露出したものを見るとまぶしく感じることがあります。そこで、拡散板やルーバー等を用いて、直接目に入らないようにします。

7．騒音における日常点検において、教職員は具体的にどんなことをするのですか。また、留意点も教えてください。

　　　点検の内容は、以下の通りです。
　　・学習指導のための教師の声等が聞き取りにくいことがないことが必要です。
点検方法は、以下の通りです。
・感覚には個人差が大きいので、平均的な児童生徒等がどのように騒音を感じているかを調べます。
・教師は教室内に騒音がないかどうか点検します。なければ、自分の声が後ろの席の子どもにも聞き取りにくいことがないかどうか確認します。また子どもには教師の声が聞き取りにくい時には申し出るように指示をしておきます。
・「(単)音節明瞭度試験」を行って、確認する方法もあります。
留意点は以下の通りです。
・季節変動や時間変動があるので、どのような時にどのような音で回数はどれくらいか等、日常気づいたことを記録しておきましょう。

> **Column**
>
> 「(単) 音節明瞭度試験」とは
>
> 　縦横10の升目に単音を表記したものを作成し、それを教師が読みあげ、児童生徒に聞こえた音を記入させて音の聞こえ具合をみる試験です。このような確認試験を時にすることで自分の発声のくせや弱点が分かったり、極端に聞こえていない児童生徒の聴覚障害を発見することができます。

8．飲料水の水質における日常点検において、教職員は具体的にどんなことをするのですか。また、留意点も教えてください。

点検の内容は、以下の通りです。

（ア）給水栓水の末端において、遊離残留塩素が0.1mg/L以上保持されているか確認します。ただし、水源が病原生物によって著しく汚染されるおそれのある場合には、遊離残留塩素が0.2mg/L以上保持されていることが必要です。

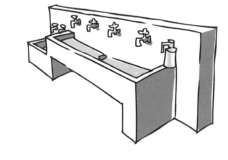

（イ）給水栓水の末端において、外観、臭気、味等に異常がないかどうか確認します。

留意点は以下の通りです。

- 冷水器等飲料水を貯留する給水器具から供給されている水についても、給水栓水と同様に確認します。検査は、給水系統末端の給水栓で行い、複数の高置水槽がある場合はその系統ごとに検査を行います。直結給水についても行います。

点検方法は、以下の通りです。

1）遊離残留塩素
（1）末端給水栓で3〜5分間飲料水を流します。
（2）残留塩素測定器の試験管に飲料水を入れます。
（3）残留塩素測定器の試験管にDPD試薬を入れて振ります。
（4）ただちに発色の度合いを比色板の標準色と比較し、最も近い標準色の数値を読みます。

2）外観、臭気、味
（1）飲料水を透明なコップ等にとります。
（2）白紙及び黒紙の上に置きます。
（3）上方や側面から透かして無色か濁りはないかを調べます。
（4）臭いに異常はないかを嗅いで調べます。

（5）味は舌で確かめます。口に含んだ水は、必ず吐き出し、清浄な水で口をすすぎます。

9．飲料水における日常点検において遊離残留塩素の測定をするようにいわれました。その必要はあるのですか。

　　日常点検では、遊離残留塩素とともに外観、臭気、味等について点検する必要があります。学校によっては、児童生徒委員会が点検しているところもありますが、教師が必ず点検、記録する必要があります。

10．給水栓において遊離残留塩素が常に0.4mg/Lから0.5mg/Lあるのですが健康被害はないのですか。

　　健康上は特に問題ありません。上水道の浄水場においては、給水区域の末端まで0.1mg/L以上とするように塩素を注入するため、浄水場に近い地域は、遊離残留塩素濃度が高いことが多くあります。台風や大雨等、汚染が懸念されるとき等は残留塩素消費の増大を見込んで、末端を0.2mg/Lとすることもあります。また、DPD試薬投入後の振とう時間が長いと、遊離残留塩素だけでなく結合残留塩素まで反応し高値となることも考えられます。

11．飲料水の給水栓の遊離残留塩素は市町村の水道課が定期的に検査しているし、給食室でも１日に何回も測定しているようですが、それとは別に、なぜ、毎授業日検査しなければならないのですか。

　　飲料水が細菌等に汚染された場合、健康被害がおこるおそれがあります。学校においては、被害が集団で発生する例が多く、特に注意が必要です。学校内の水道施設・設備を含め、飲料水の管理は、学校が行わなければなりません。学校の飲料水の給水は水道水を直接給水するもののほか、受水槽を通して供給するもの、井戸水等があります。学校内においては、各棟や１階２階と配管されているので、毎授業日に毎回同じ場所の給水栓のみ１箇所を測定しても安全とはいえません。本来は各棟、各階ごとに測定する必要があります。
　　夏休み等、長期にわたり使用しなかった場合、配管中に留まっていた水は、遊離残留塩素の減少により、細菌の増殖を抑制できないおそれがあります。そのため、しばらく水を流して水温に変化がないことを確認し、遊離残留塩素が基準以上検出されるようになってから飲用しましょう。

12. 給水栓において遊離残留塩素が検出されません。どうしたらよいですか。

　　　簡易専用水道等の場合、受水槽に流入する時点で遊離残留塩素が確保されていても、水槽に貯留している間、遊離遊離塩素は次第に減少します。水槽の容量が過大で滞留時間が長すぎる場合や連休等で長時間使用されなかった場合には、遊離残留塩素が消費されてしまいます。したがって、5分〜10分程度水を流して、給水管のたまり水を捨ててから再び測定してください。それでも基準値以上検出されない場合は、高置水槽、受水槽から直接採水する等、給水経路をさかのぼって遊離残留塩素濃度を追跡し、何らかの汚染が生じていないか点検してください。また、受水槽までは遊離残留塩素が検出されるのに、その後消失している場合は、採水日時、天候、採水地点と遊離残留塩素濃度を記録し、校長に速やかに報告します。また、学校薬剤師の指導助言を仰ぎ、設置者にも連絡して対処してください。

　給食調理室でも遊離残留塩素が出ない場合は、調理は中止してください。

13. 飲料水における日常点検において pH の測定はどのようにすればよいですか。

　　　日常点検における飲料水の水質には、pH の項目はありません。しかし、測定することは無駄ではありません。pH 値の測定は、ガラス電極法で測定し、5.8〜8.6の範囲内であることとなっています。簡易測定法としては、試験紙、比色法等があるので、これを用いると簡単です。

　水素イオン濃度は、飲料水に係る地質の成分や飲料水に汚水が混入する等によって影響を受けるので、その測定値は、生物繁殖の消長、水脈水質の変化等を知る上でも重要です。また、施設・設備の腐食、防食等は浄水処理管理の上でも大切です。

　pH 値が5.8〜8.6の基準の範囲外の水は、その原因は地質に基づくものが多いですが、その他の原因の場合と同様に、飲料水としては不適となります。また、pH 値に変動があった場合は、汚染によるものとして、汚染経路を究明しなければなりません。

14. 冷水器等飲料水を貯留する給水器具（ウォータークーラー等）の管理は、どうしたらよいですか。

（1）毎日1回以上、遊離残留塩素の測定をして、遊離残留塩素が0.1mg/L以上あることを確認し、記録します。
（2）水飲口、水受皿等の周囲を毎日清掃します。また毎月1回は冷却タンクの洗浄を行います。
（3）夏休み、冬休み等長期間使用を休止するときは、冷却タンクの水を抜いておきます。
（4）水質に異常を感じたときは使用を中止し、水質検査を行うとともにメーカー等に相談します。
　ウォータークーラーの水質汚染は、水が冷却タンク（容量3～8L）に長時間滞留している間に生じると考えられるので、毎朝、使用時にタンク内の水を入れ換えることが大切です。一般的には5分間程度ペダルを踏み続けると入れ換わるといわれています。また、最近の機種は、自動で洗浄する機能が備わっているものもあります。
　日常点検と同じように、コップに水をとり、色、濁り等異常がないことを確認し、記録することが必要です。

15. 雑用水における日常点検において、教職員は具体的にどんなことをするのですか。また、留意点も教えてください。

点検の内容は、以下の通りです。
　（ア）給水栓水については、遊離残留塩素が0.1mg/L以上保持されているか確認します。ただし、水源が病原生物によって著しく汚染されるおそれのある場合には、遊離残留塩素が0.2mg/L以上保持されている必要があります。
（イ）給水栓水については、外観、臭気に異常がないかどうか確認します。
留意点は以下の通りです。
・水管には雑用水であることを表示し、水栓を設ける場合は、誤飲防止の構造が維持され、飲用不可である旨を表示することとなっているので、表示がはっきりとわかるようにされているかを点検します。
・外観、臭気は飲料水の点検方法に準じて点検しますが、味は点検しません。

16. 雑用水における日常点検において、遊離残留塩素の測定をするようにいわれました。その必要はありますか。

雑用水は、毎授業日に遊離残留塩素と外観、臭気について点検する必要があります。雑用水を使用している場所、例えば、便所の洗浄水として使用していれば、便所を洗浄して（採水栓をつけることになっているので、ない場合は便所を洗浄して）その水を採取する、修景等に使用していれば、雑用水の水栓から採取して測定します。

17. 飲料水等の施設・設備における日常点検において、教職員は具体的にどんなことをするのですか。また、留意点も教えてください。

点検の内容は、以下の通りです。
　（ア）水飲み、洗口、手洗い場及び足洗い場並びにその周辺は、排水の状況がよいか、清潔であるか、その設備は破損や故障がないかどうか点検します。
（イ）配管、給水栓、給水ポンプ、貯水槽及び浄化設備等の給水施設・設備並びにその周辺は、清潔であるかどうか点検します。
点検方法は、以下の通りです。
・水飲み、洗口、手洗い場及び足洗い場並びにその周辺は清潔であるか点検します。
・水飲み、洗口の回転水栓は吐水口が下に向いているか、給水管の亀裂やパッキン等の消耗による水漏れ等、その施設・設備に故障はないか点検します。
・排水口や排水溝等は排水がよいか、土砂が詰まっていないか、排水の状況は良好か点検します。
留意点は以下の通りです。
・施設・設備の図面はいつでも閲覧できるように整備しておきます。
・不備があれば記録し、改善までの経過等も記録しておきます。
・施設・設備等の変更があれば、必ず記録し、臨時検査等を行います。図面の整備、保存も確実に行います。

18. 水飲み場の排水口から異臭がします。どうしたらよいですか。

水飲み・洗口・手洗い場及び足洗い場の排水には、排水管内の悪臭・有害ガス、ネズミ、衛生害虫等の室内への侵入を防止するための衛生器具のひとつである排水トラップが設置されています。

それらに砂や泥、ガム等の固形物がたまらないよう、清掃が十分に行われ、排水が滞ることなく常に流れるよう、適切な維持管理をしなければなりません。

サイホン式トラップの清掃は、トラップの継手またはプラグを外して、汚染物を針金等で引き出しますが、その際、取り外したパッキンが傷んでいないかどうか点検した後、忘れずに取り付けます。

排水管に水が滞ったり、異臭がするような場合には、封水がない等、トラップとしての役目を果たしていない証拠なので、十分に洗浄する必要があります。

19. 排水の管理において、注意事項等、具体例をあげて教えてください。

学校の排水は、学校の内外の環境や地域の生活環境の汚染源にならないようにすることが大切です。

学校からの排水に対応した処理設備や排水のための施設設備を設ける等して、排水先の排出基準に適合するようにしなければなりません。また、下水道法、水質汚濁防止法、浄化槽法等の法規制のあるものは管理責任者等を定める等します。

排水に関して特に注意したい点を以下にまとめます。

1) プール水等の排水

通常の濃度（0.4～1.0mg/L の遊離残留塩素濃度）のプール水の排水は、直接、下水道に放流しても周辺環境に影響を及ぼすことはありません。しかし、大量に放流するわけですから、周辺の下水をあふれさせないように排水を行ってください。また、プール底にたまった砂、薬品等を排水する場合がありますので、排水マス、トラップの点検をして十分にその機能が果たせるように保守点検、清掃をしてください。

腰洗い槽、足洗い槽等の高濃度（50～100mg/L）の遊離残留塩素の入った水を排水する場合、ややもすると猛毒の塩素ガスが発生し逆流することも考えられます。したがって中和剤（チオ硫酸ナトリウム〈ハイポ〉）等を投入するか、または一時的に貯留させ１～２昼夜以上放置し、遊離残留塩素を消失させてから放流します。

なお、組み立て式プールにあっては、水はけが悪いと汚水がプールに侵入したり、衛生害虫の発生の原因にもなります。排水が容易にできる位置に移動する、排水口を特設する等の措置が必要です。

2) 理科室の排水

理科室の排水で問題になるのは、毒物、劇物や重金属を含む薬品の排水です。この場合には定められた方法で行わなければなりません。具体的には、回収、中和、加水分解、酸化、還元、希釈、その他の方法により排出基準以下の濃度として廃棄します。各学校で処理できないほど多量の不用薬品が出た場合には、学校薬剤師に相談する等してください。学校は、教育委員会等に連絡し、専門の業者に委託して処理してもらいましょう。

3) 給食室の排水

残留物や油類等が排出しないように注意するとともに、排水溝の詰まりを除き、グリース阻集器の清掃につとめ、排水設備が常に良好な流れを維持するよう努めることが大切です。また床の勾配

も十分にとって水はけをよくする等、留意しなければなりません。
4）水飲み、洗口、手洗い場の排水
　排水トラップの詰まり、流しの水たまりが生じないことが大切で、砂ごみ等の異物を取り除き常に清潔に保つようにすることが大切です。
5）雨水等
　屋上の雨水の排水については、砂、ほこりの蓄積があったり、草木が生えているのが見られたりする場合があります。漏水の原因にもなりますので点検を心がけ、水たまりのないようにしたいものです。
　また校庭は、沈下等する場合もあり、水たまりが生じやすくなることもあるので、常に点検をすることが必要です。

20．学校の清潔における日常点検において、教職員は具体的にどんなことをするのですか。また、留意点も教えてください。

点検の内容は、以下の通りです。
　（ア）教室、廊下等の施設及び机、いす、黒板等教室の備品等は、清潔であるか、破損がないかどうか点検します。
（イ）運動場、砂場等は、清潔であるか、ごみや動物の排泄物等がないかどうか点検します。
（ウ）便所の施設・設備は、清潔であり、破損や故障がないことが必要です。
（エ）排水溝及びその周辺は、泥や砂が堆積していないか、悪臭がないかどうか点検します。
（オ）飼育動物の施設・設備は、清潔であるか、破損がないかどうか点検します。
（カ）ごみ集積場及びごみ容器等並びにその周辺は、清潔であるかどうか点検します。
　上記のほか、決められた清掃分担にしたがって、きちんと行われているか、清掃用具は必要な数が確保され、適切に保管されているか等も点検します。

21．ゴミ集積場を清潔に管理するにはどういう取り組みが必要ですか。

1）保管場所の構造基準
　　ごみを収納するのに十分な広さがあることが必要条件であり、保管場所は次の要件を満たすことが必要です。
（1）収集、搬出入が容易に行える場所とします。
（2）区画された構造とします。
（3）不燃性材料を使用します。
（4）床、周壁（腰壁程度）は不浸透材とします。

（5）分別して、収集及び保管ができる構造とします。
（6）床排水に支障のないように、適度の床勾配および側溝等を設けます。
（7）屋内に保管場所を設ける場合で、ごみを車両に直接搬入する構造にあっては、天井高を3m以上とします。

2）付帯設備の構造
（1）室内に保管場所を設けるときは、給排気設備を設けます。また、屋外に設けるときは適切な排気設備（排気口・強制排気を含む）を設けます。
（2）容器、床等の洗浄用に給水栓を設けます。
（3）厨芥類が多量に排出される場合は、腐敗、臭気の発生等を防止するため、原則として冷房（冷蔵）保管を行います。
（4）給排気口・通風口等の開口部にはネズミ、衛生害虫等の出入りを防止するため防虫網を取り付けます。
（5）周囲の状況により、必要がある場合には脱臭装置を設けます。

22. 学校において飼育されている鳥が死亡した場合の取り扱いはどうしたらよいですか。

文部科学省から以下の通知がされていますので参考にしてください。

事　務　連　絡
平成16年2月23日

附属学校を置く各国公私立大学事務局　御中
国立久里浜養護学校　御中
各都道府県・指定都市教育委員会学校保健主管課　御中
各都道府県私立学校主管課　御中

文部科学省スポーツ・青少年局学校健康教育課

学校で飼育されている鳥が死亡した場合の取扱いについて

　学校で飼育している鳥に異状死がみられた場合の取扱いについて、厚生労働省、農林水産省と協議し、別紙のとおり取りまとめましたので送付します。
　なお、各都道府県教育委員会及び各都道府県私立学校主管課においては、それぞれ域内の市町村教育委員会及び所管の学校並びに学校法人等に対しても周知するよう併せてお願いします。

（本件照会先）
文部科学省スポーツ・青少年局学校健康教育課

学校保健係

ＴＥＬ：03-5253-4111（代）（内線2918、2976）

・・

学校で飼育されている鳥が死亡した場合の取扱いについて

平成16年２月20日

文部科学省スポーツ・青少年局学校健康教育課

厚生労働省健康局結核感染症課

農林水産省消費・安全局衛生管理課

　　学校で飼育している鳥（インコ等家きん以外の鳥を含む。以下同じ）に連続して複数の鳥が死ぬなど異常死がみられた場合には、当面以下の対応方針を基本とする。

　　なお、国内で高病原性鳥インフルエンザが発生したからといって、学校で飼育している鳥が高病原性鳥インフルエンザにり患するおそれが高いということはない。家畜保健衛生所、保健所及び学校は、清潔な状態で飼育し、排泄物等に触れた後には手洗いやうがいをすることなどにより感染の心配はなくなることを児童生徒、保護者に対して周知し、冷静な対応を求める。

１．家きんの移動制限区域内にある学校の場合

①　連続して複数の鳥が死ぬなど鳥の異常死を発見した学校は、直ちに埋却せず、教育委員会に報告するとともに、獣医師、家畜保健衛生所又は保健所（動物愛護センターを含む。）（以下「獣医師等」という。）に相談を行う。

②　相談を受けた獣医師等は、学校に対して可能な限り助言を行いながら、必要に応じて検査の要否についての判断を家畜保健衛生所に求める。

③　家畜保健衛生所は、検査の要否を判断する。

④−１　家畜保健衛生所が検査の必要があると判断した場合には、家畜保健衛生所からその旨学校宛に通知を行う。通知を受けた学校は、教育委員会と相談をしながら児童生徒、保護者等に対して十分な状況の説明を行う。

④−２　家畜保健衛生所が検査の必要があると判断した場合には、学校及び保健所に対して検査を行う旨の通知を行い、それぞれ以下の対応をとる。

家畜保健衛生所：生存している鳥及び死亡している鳥について検査を行う。ただし、死亡している鳥については、有効な検査結果が得られることが期待できる場合に検査を行う。死亡している鳥が既に埋却されている場合には、家畜衛生の観点から不要と考えられる場合であっても、保健所から要請があった場合には、家畜保健衛生所と保健所が連携して、十分なまん延防止措置及び感染防御措置を講じながら検査を行う。

保健所：飼養されている鳥（既に死亡したものを含む。）に過去３日以内に接触歴を持つ者に対して健康状態の把握を行い、インフルエンザ様の症状がある者に対しては、インフルエンザの迅速診断キットによる検査を実施する。当該検査で陽性となった者については、「高病原性鳥インフルエンザに関する患者サーベイランスの強化について」（健感発0202001号平成16年２月2日付厚生労働省健康局結核感染症課長通知）における「疑い例」として厚生労働省に報告を行う。

なお、家畜保健衛生所の行った検査により、鳥が高病原性鳥インフルエンザにり患していないことが明らかになった場合には、上記の措置は必要ない。
学校：教育委員会と相談しながら児童生徒、保護者等に対して十分な状況の説明を行う。

2．家きんの移動制限区域外にある学校の場合
① 連続して複数の鳥が死ぬなど鳥の異状死を発見した学校は、教育委員会に報告するとともに、獣医師等に相談を行う。
② 相談を受けた獣医師等は、学校に対して可能な限り助言を行いながら、検査の要否について家畜保健衛生所の判断を求める。
③ 家畜保健衛生所が検査の必要があると判断した場合には、1.④─2と同様の措置をとる。

23. 児童生徒が動物を飼育するにあたり、注意する点を教えてください。

以下の事項に留意して飼育すればよいでしょう。
（1）飼育舎の清掃時には専用の身支度をし、清掃用具も飼育動物の施設専用にします。
（2）動物に触った後の手洗いの徹底を図ります。
（3）口移しでエサを与えさせてはいけません。
（4）児童生徒が体調不良の時は、動物との接触を避けるようにします。
（5）動物に噛まれたり引っかかれたりした時は、すぐに手当てを受けます。
（6）アレルギー疾患のある児童生徒等は、症状が悪化する場合があるので飼育施設の清掃はしないようにします。

24. ネズミ、衛生害虫等における日常点検において、教職員は具体的にどんなことをするのですか。また、留意点も教えてください。

点検の内容は、以下の通りです。
・校舎、校地内にネズミ、衛生害虫等の生息がないかどうか点検します。
点検方法は、以下の通りです。
・肉眼で確認するほか、以下のことに留意して生息の可能性を考えて、注意して点検してください。
（1）ネズミの足跡や糞等の排泄物はないか。
（2）食糧の保管や食糧を扱う場所で通路に穴がないか。
（3）児童生徒及び教職員がダニによるかゆみ等を訴えていないか。

（4）天井、電灯の笠等に、ハエの糞の跡が見られないか。
（5）教室及び給食施設等の壁面にチョウバエや蚊成虫が係留していないか。
（6）防火用水槽、池、水たまり、下水道、浄化槽、便槽等で蚊の幼虫が発生していないか。
（7）戸棚、引き出し等の中にゴキブリの糞、抜け殻、卵鞘、成虫、幼虫が見られないか。

25. ネズミの糞がみつかりました。始末の仕方、消毒法、駆除法を教えてください。

ネズミの糞が存在しているということは、その付近に植物性、動物性の食餌があったと考えられ、不潔になっていることが考えられます。糞尿が食物に混入し、細菌性の食中毒の原因となることもあるので、注意して清掃を行い除去します。その後、水拭き等をして清潔を保持しておけばよいでしょう。また、プールで使用する消毒剤を、遊離残留塩素濃度200～300mg/L程度に希釈し、散布しておくこともひとつの方法です。

ネズミや衛生害虫等の発生が認められたときは、駆除しなければなりませんが、駆除とともにそれらが生息しにくい環境作りを進めることが大切です。ネズミが侵入したと思われる場所をふさいだり、餌の原因となりやすいものを缶等に入れて保管したりすることが必要です。また、ペットの餌も侵入されないように缶等に入れて保管するようにしましょう。衛生害虫等を薬剤により駆除する場合は、児童生徒に危険が生じないように十分注意をしてください。

1）環境面でのネズミ対策
　（1）餌や営巣場所を与えないよう整理整頓を行います。また、放置された布、紙、ビニール等は巣の材料となるので、不要であれば早めに処分します。
　（2）食品、調理くず、食べ残しの管理を十分に行います。
　（3）侵入口には防鼠網を付けたり、かじられにくい材料でふさぐ等します。
2）ゴキブリ対策
　整理・整頓とゴキブリの餌となる食品等のむき出しでの保管等に注意し、ゴキブリの生息しにくい環境にすることが必要です。
　殺虫剤で駆除する方法には、残留処理（薬剤の噴霧や塗布）、燻煙、毒餌（ホウ酸製剤等）等があります。それぞれ有効ですが、児童生徒への安全を配慮して使用しなければなりません。

26. 校舎内のネズミ、衛生害虫等の防除に農薬を使用してもよいですか。

校舎内のネズミ、衛生害虫等の防除に薬剤を使用する場合は、医薬品又は医薬部外品に限定し、農薬は使用しないでください。建築物衛生法では、ネズミ等の駆除のため、殺鼠

剤または殺虫剤を使用する場合は、薬事法第14条又は第19条の規定による承認を受けた医薬品又は医薬部外品を用いると規定しています。

 27. 冬期なのに校舎内の湧水槽に蚊が発生し、吸血の被害があります。どんな種類の蚊で、どのように防除すればよいですか。

 蚊の種類はチカイエカです。衛生害虫を駆除するためには、その生態を理解することが重要です。

チカイエカの生態は次の通りです。

チカイエカの3生態
（1）狭所交尾性：チカイエカは試験管のような狭い場所でも交尾が可能である（他の蚊は広域な場所で蚊柱（♂）をたて、その羽音（振動）で雌が飛来する）。
（2）無吸血産卵性（最初の1回のみ）：チカイエカは交尾しなくても最初の1回のみ産卵できる。
（3）非休眠性：チカイエカは年中活動し、休眠はしない（アカイエカは成虫で越冬する）。

主な蚊と疾病の関係は次のとおりです。
蚊（吸血は全て♀）と疾病

蚊	疾病
ヒトスジシマカ(昼間吸血)	デング熱
ネッタイシマカ	デング熱、黄熱
シナハマダラカ	マラリア（国内では未発生）
トウゴウヤブカ	フィラリア症
アカイエカ（夜間吸血）	フィラリア症、ウエストナイルウイルス
コガタアカイエカ	日本脳炎
チカイエカ	ウエストナイル

殺虫剤は次の「ピレスロイド剤」と「有機リン剤」の2種類です。室内で使用する場合は医薬品又は医薬部外品に限るとし、農薬は使用しないことが大切です。

ピレスロイド剤（　）は商品名
ピレトリン（ピレトリン）
アレスリン（ピナミン）
フタルスリン（ネオピナミン）：電気蚊取に使用
フェノトリン（スミスリン）
ペルメトリン（エクスミン）
フラメトリン（ピナミンD、プロスリン）
エトフェンプロックス（レナトップ）

有機リン剤（　）は商品名
ジクロロボス（DDVP）
フェニトロチオン（スミチオン）：MC剤で使用
フェンチオン（バイテックス）
ダイアジノン（スミスリン）：MC剤で使用
テメホス（アベイト）：ボウフラ専用

28. 校門の内側に公共下水道に直結する排水溝があるのですが、そこにボウフラが発生しています。どのように対処すればよいですか。

対象の蚊は、アカイエカかヒトスジシマカだと思います。次のように対策します。
1）水で側溝を洗う

その際、洗車用の水圧の水がよいと思います。蚊は汚水の滞留した場所に卵塊を生じるので流してしまいます。流水では卵塊を生じることができません。

2）薬剤を使う

ピレスロイド系の薬剤や昆虫成長阻害剤等があります。使用する際は、各自治体に相談してください。

29. アタマジラミの見分け方と駆除法を教えてください。

1）アタマジラミの見分け方と駆除法

人体に寄生するシラミは、終戦前後の一時期全国的にまん延しましたが、その当時DDTやリンデンの使用によってほとんど駆除されました。しかし、昭和46年これらの有機塩素系薬剤の使用が禁止されたことも一因かと思いますが、海外旅行者の急増に伴い東南アジアからの持ち帰りも相当あるらしく、最近またその発生をみるようになりました。シラミは卵から7～10日で孵化し、さらに7～16日で成虫になるというライフサイクルを繰り返しています。

アタマジラミは体長2.3～3.3mmで少し黒っぽく細長い感じです。頭髪の中にすみ、頭皮から吸血します。卵は頭頂に近い根元のほうに産みつけます。約9日で孵化します。帽子、くし、寝具等の共用や接触により感染することがほとんどです。アタマジラミは衣類等に付くコロモジラミや陰毛に付くケジラミとは別のもので、感染症等を媒介することは通常ありません。この感染が認められたら、日常の生活では、①洗髪を2週間位毎日行う、②目の細かいすきぐしでよく髪をすく、③枕カバー、シーツ、タオル、下着等は毎日交換する、④タオル、帽子等を共用しない、等の注意が必要です。煮沸する（2分間）ことができるすきぐしも販売されています。

駆除法としては、フェノトリン（商品名 スミスリン）という薬が開発され販売されています。使用法は、この粉末を髪に1回7g程度まぶし、1時間ぐらい放置した後、水、石けん等で洗い流します。この処置を1日1回、2日おきに3～4回繰り返せば駆除できます。

シラミは、汚い物、不潔な物という考えが強いですが、感染した子どもがいたら他の子どもたちに感染させないよう、注意事項を上手に説明して、間違っても感染した子どもをのけ者にするようなことのないよう十分な配慮が必要です。

2）アタマジラミ卵と卵類似物の判別

60倍の顕微鏡で鏡検すれば確認できます。

30. プール水等における日常点検において、教職員は具体的にどんなことをするのですか。また、留意点も教えてください。

点検の内容は、以下の通りです。

（ア）水中に危険物や異常なものがないかどうか点検します。

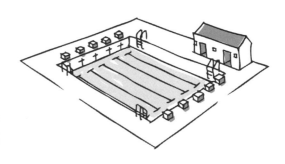

（イ）遊離残留塩素は、プールの使用前及び使用中1時間ごとに1回以上測定し、その濃度は、どの部分でも0.4mg/L以上保持されているかどうか点検します（遊離残留塩素は1.0mg/L以下が望ましい）。

（ウ）pH値は、プールの使用前に1回測定し、pH値が基準値程度に保たれているかどうか点検します。

（エ）透明度に常に留意し、プール水は、水中で3m離れた位置からプールの壁面が明確に見える程度に保たれているかどうか点検します。

点検方法は、定期検査に準じた測定方法、検査器具で上記の点検を行ってください。

31. プール入泳前の健康観察についての記載がなくなったのですが、どうしてですか。

これらは、学校環境衛生基準においては記載されていません。これは、基準としての文部科学大臣告示事項になじまなかったからです。しかし、非常に重要な観察、留意事項であり、学校においては必ず実施してください。

プール水の点検、検査方法、プール管理等は第2部第5章のQ＆Aを参照してください。

32. プールに鳥の糞や木の葉が落ちて管理が大変です。どうしたらよいですか。

木の葉はこまめに網等で取り除いたり、糞は柄杓等で取り除き、できれば塩素消毒剤を加えます。また、近くの木を剪定する等の対策をします。プール排水の妨げや汚染源になるので清掃をして管理します。

33. プールの附属施設・設備等における日常点検において、教職員は具体的にどんなことをするのですか。また、留意点も教えてください。

点検の内容は、以下の通りです。
　プールの附属施設・設備、浄化設備及び消毒設備等は、清潔であり、破損や故障がないかどうか点検します。足洗い、シャワー、腰洗い、洗眼・洗面、うがい等の施設・設備及び専用便所等は、入泳人員に対し十分な能力を有し、故障等がなく、衛生的であること、また専用の薬品保管庫の出入り口は入泳者等がみだりに立入りできないような構造であることを確認してください。

34. 水泳プールの管理において、「学校環境衛生基準」には入泳前に排水溝等の固定等、安全確認が明記されていましたが、今回記述がないのはなぜですか。

　この項目は非常に大切なものですが、平成19年3月に「プールの安全標準指針」が文部科学省、国土交通省から出されました。学校の水泳プールにもこれが適用されるので「学校環境衛生基準」から削除されました。したがって、「プールの安全標準指針」をよく理解して、水泳プール日誌には、この点検項目を入れて、毎授業日に点検を行い、結果の記録を3年間保存しましょう。また、プールや附属する施設・設備の図面は、すぐに閲覧できるよう整備し、保管しておきましょう。

35. 点検結果や記録簿の整備、保管が追加されたのはなぜですか。また、日常点検の責任者は誰ですか。日常点検の記録用紙はありますか。

　日常点検の記録用紙は定まったものはありません。図2-6-1のように、年月日、点検項目、基準、点検結果、不適の具体的な記述や事後処置等を記入できる備考欄、記録者印、校長印欄を基礎にして、日常点検票を作成し、まず記録してみることです。その後、毎授業日記録に負担のない程度で使い勝手のよいように学校独自に改良していくとよいでしょう。

第2部　学校環境衛生基準

学校環境衛生日常点検表

学校名　　　　　　　　点検日時
天候　　　　　　　　　点検者名　　　　　　サイン　　　　　　校長確認印

検査項目		判定基準	適（○）不適（×）	改善点等備考
教室等の環境	（1）換気	（ア）外部から教室に入ったとき、不快な刺激や臭気がないこと。 （イ）換気が適切に行われていること。		
	（2）温度	17℃以上、28℃以下であることが望ましい。		
	（3）明るさとまぶしさ	（ア）黒板面や机上等の文字、図形等がよく見える明るさがあること。 （イ）黒板面、机上面及びその周辺に見え方を邪魔するまぶしさがないこと。 （ウ）黒板面に光るような箇所がないこと。		
	（4）騒音	学習指導のための教師の声等が聞き取りにくいことがないこと。		
飲料水等の水質及び施設・設備	（5）飲料水の水質	（ア）給水栓水については、遊離残留塩素が0.1mg/L以上保持されていること。ただし、水源が病原生物によって著しく汚染されるおそれのある場合には、遊離残留塩素が0.2mg/L以上保持されていること。 （イ）給水栓水については、外観、臭気、味等に異常がないこと。 （ウ）冷水器等飲料水を貯留する給水器具から供給されている水についても、給水栓水と同様に管理されていること。		
	（6）雑用水の水質	（ア）給水栓水については、遊離残留塩素が0.1mg/L以上保持されていること。ただし、水源が病原生物によって著しく汚染されるおそれのある場合には、遊離残留塩素が0.2mg/L以上保持されていること。 （イ）給水栓水については、外観、臭気に異常がないこと。		
	（7）飲料水等の施設・設備	（ア）水飲み、洗口、手洗い場及び足洗い場並びにその周辺は、排水の状況がよく、清潔であり、その設備は破損や故障がないこと。 （イ）配管、給水栓、給水ポンプ、貯水槽及び浄化設備等の給水施設・設備並びにその周辺は、清潔であること。		
学校の清潔及びネズミ、衛生害虫等	（8）学校の清潔	（ア）教室、廊下等の施設及び机、いす、黒板等教室の備品等は、清潔であり、破損がないこと。 （イ）運動場、砂場等は、清潔であり、ごみや動物の排泄物等がないこと。 （ウ）便所の施設・設備は、清潔であり、破損や故障がないこと。 （エ）排水溝及びその周辺は、泥や砂が堆積しておらず、悪臭がないこと。 （オ）飼育動物の施設・設備は、清潔であり、破損がないこと。 （カ）ごみ集積場及びごみ容器等並びにその周辺は、清潔であること。		
	（9）ネズミ、衛生害虫等	校舎、校地内にネズミ、衛生害虫等の生息が見られないこと。		
水泳プールの管理	（10）プール水等	（ア）水中に危険物や異常なものがないこと。 （イ）遊離残留塩素は、プールの使用前及び使用中1時間ごとに1回以上測定し、その濃度は、どの部分でも0.4mg/L以上保持されていること。また、遊離残留塩素は1.0mg/L以下が望ましい。 （ウ）pH値は、プールの使用前に1回測定し、pH値が基準値程度に保たれていることを確認すること。 （エ）透明度に常に留意し、プール水は、水中で3m離れた位置からプールの壁面が明確に見える程度に保たれていること。		
	（11）附属施設・設備等	プールの附属施設・設備、浄化設備及び消毒設備等は、清潔であり、破損や故障がないこと。		
	事後措置			

図2-6-1　日常点検（例）

第3部
学校給食衛生管理基準

〈総論〉

学校給食衛生管理基準

「学校給食衛生管理基準」は、学校給食法第9条第1項の規定に基づき、学校給食の実施に必要な施設及び設備の整備及び管理、調理の過程における衛生管理その他の学校給食の適切な衛生管理を図る上で必要な事項について維持されることが望ましい基準として、文部科学大臣が定めています。

学校給食衛生管理基準は、次の項目からなっています。

第1	総則
第2	学校給食施設及び設備の整備及び管理に係る衛生管理基準
第3	調理の過程等における衛生管理に係る衛生管理基準
第4	衛生管理体制に係る衛生管理基準
第5	日常及び臨時の衛生検査
第6	雑則

学校給食衛生管理基準

第1　総則

HACCPの考え方に基づく	施設及び設備、食品の取扱い、調理作業、衛生管理体制等について実態把握に努め、学校医又は学校薬剤師の協力を得て速やかに改善措置を図ること。

第2　学校給食施設及び設備の整備及び管理に係る衛生管理基準

（1）学校給食施設		衛生的な場所に設置し、食数に適した広さとすること。	
①共通事項	学校給食施設の区分	「汚染作業区域」、「非汚染作業区域」及び「その他の区域」に部屋単位で区分すること。ただし洗浄室は汚染作業区域、非汚染作業区域に部屋単位で区分すること等区域の整理をし、その他に「前室」を加えること。検収、保管、下処理、調理及び配膳の各作業区域並びに更衣休憩にあてる区域及び前室に区分するよう努めること。	学校薬剤師等の協力を得て、毎学年1回定期に、検査を行い実施記録を保管すること。
	ドライシステム	ドライシステムを導入するよう努めること。そうでない施設においてもドライ運用を図ること。	
	作業区域	外部に開放される箇所にはエアカーテンを備えるよう努めること。	
	学校給食施設の設計	保健所及び学校薬剤師等の助言を受けるとともに、栄養教諭又は学校栄養職員その他の関係者の意見を取り入れ整備すること。	
②作業区域内の施設	食品を取り扱う場所	内部の温度及び湿度管理が適切に行える空調等を備えた構造とするよう努めること。	
	食品の保管室	専用である。また、衛生面に配慮した構造とし、食品の搬入及び搬出に当たって、調理室を経由しない構造及び配置とすること。	
	検収室	外部からの汚染を受けないような構造とすること。	
	排水溝	詰まり、逆流がおきにくく、排水が飛散しない構造及び配置とすること。	
	釜周りの排水	排水が床面に流れない構造とすること。	
	配膳室	廊下等と明確に区分すること。出入口には、原則として施錠設備を設けること。	

第3部　学校給食衛生管理基準

③その他の施設	廃棄物の保管場所	調理場外の適切な場所に設けること。	
	学校給食従事者専用の便所	食品を取り扱う場所及び洗浄室から直接出入りできない構造とすること。食品を取り扱う場所及び洗浄室から3m以上離れた場所に設けるよう努めること。便所の個室の前に調理衣を着脱できる場所を設けるよう努めること。	

（2）学校給食設備

①共通事項	機械及び機器	可動式にするなど、調理過程に合った作業動線となるよう配慮した配置であること。	
	移動性の器具及び容器	外部から汚染されない構造の保管設備を設けること。	
	給水給湯設備	必要な数を使用に便利な位置に設置、給水栓は、直接手指を触れないよう肘等で操作できるレバー式等であること。	
	共同調理場の給食	調理後2時間以内に給食できるようにするための配送車を必要台数確保すること。	学校薬剤師等の協力を得て、毎学年3回定期に、検査を行い実施記録を保管すること。
②調理用の機械、機器、器具及び容器	食肉類、魚介類、卵、野菜類、果実類等食品の種類の区別	それぞれ専用に調理用の器具及び容器を備えること。下処理用、調理用、加熱調理済食品用等調理の過程ごとに区別すること。	
	調理用の機械、機器、器具及び容器	洗浄及び消毒ができる材質、構造で、衛生的に保管できるもので、食数に適した大きさと数量を備えること。	
	献立及び調理内容に応じて	焼き物機、揚げ物機、真空冷却機、中心温度管理機能付き調理機等の調理の機械及び機器を備えるよう努めること。	
③シンク	シンク	食数に応じてゆとりのある大きさ、深さであること。下処理室における加熱調理用食品、非加熱調理用食品及び器具の洗浄に用いるシンクは別々に設置し、三槽式構造とすること。調理室においては、食品用及び器具等の洗浄用のシンクを共用しない。その他の用途のシンクも相互汚染しないよう努めること。	
④冷蔵及び冷凍設備	冷蔵及び冷凍設備	食数に応じた広さがあるものを原材料用及び調理用等に整備し、共用を避けること。	
⑤温度計及び湿度計	調理場内	適切な場所に正確な温度計及び湿度計を備えること。また冷蔵庫・冷凍庫の内部及び食器消毒庫その他のために、適切な場所に正確な温度計を備えること。	
⑥廃棄物容器等	廃棄物の保管場所調理場	ふた付きの廃棄物専用の容器を廃棄物の保管場所に備えること。調理場には、ふた付きの残菜入れを備えること。	
⑦手洗い設備等学校給食従事者専用	学校給食従事者の専用手洗い設備	前室、便所の個室に設置するとともに、作業区分ごとに使用しやすい位置に設置すること。肘まで洗える大きさで、肘等で操作できるレバー式、足踏み式又は自動式等の温水に対応した方式であること。	
	洗面台給水栓	肘まで洗える大きさの洗面台を設置するとともに、給水栓は直接手指を触れることのないよう、肘等で操作できるレバー式、足踏み式又は自動式等の温水に対応した方式であること。	
	学校食堂等	児童生徒等の手洗い設備を設けること。	

（3）学校給食施設及び設備の衛生管理

学校給食施設及び設備	清潔で衛生的である。
冷蔵庫、冷凍庫及び食品の保管室調理室	整理整頓すること。
	調理作業に不必要な物品等を置かないこと。
調理場調理室及び食品の保管室	換気を行い、温度は25℃以下、湿度は80％以下に保つよう努めること。温度及び湿度並びに冷蔵庫及び冷凍庫内部の温度を適切に保ち、これらの温度及び湿度は毎日記録すること。
調理場内の温度計及び湿度計	定期的に検査を行うこと。
調理場の給水、排水、採光、換気等の状態	適正に保つこと。夏期の直射日光を避ける設備を整備すること。

ねずみ及びはえ、ごきぶり等衛生害虫	侵入防止措置を講じること。 発生状況を1ヶ月に1回以上点検し、発生を確認したときには、その都度駆除をすること。 必要な場合には、補修、整理整頓、清掃、清拭、消毒等を行い、その結果を記録すること。 殺そ剤又は殺虫剤を使用する場合は、食品を汚染しないようその取扱いに十分注意すること。	学校薬剤師等の協力を得て、毎学年3回定期に、検査を行い、実施記録を保管すること。
学校給食従事者専用の便所	特に衛生害虫に注意すること。	
学校給食従事者専用の便所	専用の履物を備えること。 定期的に清掃及び消毒を行うこと。	
学校給食従事者専用の手洗い設備	衛生的に管理すること。 石けん液、消毒用アルコール、ペーパータオル等衛生器具を常備する。布タオルの使用は避けること。前室の手洗い設備には個人用爪ブラシを常備すること。	
食器具、容器、調理用の器具 フードカッター、野菜切り機等調理用の機械、機器 下処理室及び調理室内における機械、容器等の使用後の洗浄及び消毒	使用後、でん粉及び脂肪等が残留しないよう、確実に洗浄すること。 損傷がないように確認し、熱風保管庫等により適切に保管すること。 使用後に分解して洗浄及び消毒した後、乾燥させること。 全ての食品が下処理室及び調理室から搬出された後に行うよう努めること。	
天井	水滴を防ぎ、かびの発生の防止に努めること。	
床	破損箇所がないよう管理すること。	
清掃用具	整理整頓し、所定の場所に保管すること。 汚染作業区域と非汚染作業区域の共用を避けること。	

第3　調理の過程等における衛生管理に係る衛生管理基準

（1）献立作成			
献立作成		学校給食施設及び設備並びに人員等の能力に応じたものとするとともに、衛生的な作業工程及び作業動線となるよう配慮すること。	学校薬剤師等の協力を得て1の各号に掲げる事項について、毎学年1回。 （3）、（4）②及び（6）①、②にあっては毎学年3回、定期に検査を行い実施記録を保管すること。
高温多湿の時期		なまもの、和えもの等については、細菌の増殖等が起こらないように配慮すること。	
保健所等情報		地域における感染症、食中毒の発生状況に配慮すること。	
献立作成委員会		栄養教諭等、保護者その他の関係者の意見を尊重すること。	
統一献立		食品の品質管理又は確実な検収を行う上で支障を来すことがないよう、一定の地域別又は学校種別等の単位に分けること等により適正な規模での作成に努めること。	
（2）学校給食用食品の購入			
①共通事項	食品の購入	食品選定のための委員会等を設ける等により、栄養教諭等、保護者その他の関係者の意見を尊重すること。 必要に応じて衛生管理に関する専門家の助言及び協力を受けられるような仕組みを整えること。	
	食品製造の委託	衛生上信用のおける製造業者を選定すること。 製造業者の有する設備、人員等から見た能力に応じた委託とすること。 委託者において、随時点検を行い、記録を残し、事故発生の防止に努めること。	
②食品納入業者	保健所等の協力	施設の衛生面及び食品の取扱いが良好で衛生上信用のおける食品納入業者を選定すること。	
	食品納入業者又は納入業者の団体等	連絡会を設け、学校給食の意義、役割及び衛生管理の在り方について定期的な意見交換を行う等により、食品納入業者の衛生管理の啓発に努めること。	
	売買契約	衛生管理に関する事項を取り決める等により、業者の検便、衛生環境の整備等について、食品納入業者に自主的な取組を促すこと。	
	食品納入業者の衛生管理の状況	確認すること。	
	原材料及び加工食品	製造業者若しくは食品納入業者等が定期的に実施する微生物及び理化学検査の結果、又は生産履歴等を提出させること。 検査等の結果については、保健所等への相談等により、原材料として不適と判断した場合には、食品納入業者の変更等適切な措置を講じること。 さらに検査結果を保管する。	

第3部　学校給食衛生管理基準

③食品の選定	食品	過度に加工したものは避け、鮮度の良い衛生的なものを選定するよう配慮すること。 有害なもの又はその疑いのあるものは避けること。
	食品添加物 内容表示、消費期限及び賞味期限並びに製造業者、販売業者等の名称及び所在地、使用原材料及び保存方法	明らかでない食品については使用しないこと。
	保健所等から情報提供	地域における感染症、食中毒の発生状況に応じて、食品の購入を考慮すること。

（3）食品の検収・保管等

検収	あらかじめ定めた検収責任者が、食品の納入に立会し、品名、数量、納品時間、納入業者名、製造業者名及び所在地、生産地、品質、鮮度、箱、袋の汚れ、破れその他の包装容器等の状況、異物混入及び異臭の有無、消費期限又は賞味期限、製造年月日、品温（納入業者が運搬の際、適切な温度管理を行っていたかどうかを含む。）、年月日表示、ロット（一の製造期間内に一連の製造工程により均質性を有するように製造された製品の一群をいう。以下同じ。）番号その他のロットに関する情報について、毎日、点検を行い、記録すること。 納入業者から直接納入する食品の検収は、共同調理場及び受配校において適切に分担し実施するとともに、その結果を記録すること。
検収責任者の勤務時間	必要な場合には、納入時間に合わせて割り振ること。
食肉類、魚介類等生鮮食品	原則として、当日搬入するとともに、一回で使い切る量を購入すること。 当日搬入できない場合には、冷蔵庫等で適切に温度管理するなど衛生管理に留意すること。
納入業者からの納入	検収室において食品の受け渡しを行い、下処理室及び調理室に立入らせないこと。
食品の納入	検収室において、専用の容器に移し替え、下処理室及び食品の保管室にダンボール等を持ち込まないこと。 検収室内に食品が直接床面に接触しないよう床面から60cm以上の高さの置台を設けること。
食品の保管	食肉類、魚介類、野菜類等食品の分類ごとに区分して専用の容器で保管する等により、原材料の相互汚染を防ぎ、衛生的な管理を行うこと。 別紙「学校給食用食品の原材料、製品等の保存基準」に従い、棚又は冷蔵冷凍設備に保管すること。
牛乳の保管	専用の保冷庫等により適切な温度管理を行い、新鮮かつ良好なものが飲用に供されるよう品質の保持に努めること。
泥つきの根菜類等の処理	検収室で行い、下処理室を清潔に保つこと。

（4）調理過程

①共通事項	給食の食品	原則として、前日調理を行わず、全てその日に学校給食調理場で調理し、生で食用する野菜類、果実類等を除き、加熱処理したものを給食すること。 加熱処理する食品については、中心部温度計を用いるなどにより、中心部が75℃で1分間以上（二枚貝等ノロウイルス汚染のおそれのある食品の場合は85℃で1分間以上）又はこれと同等以上の温度まで加熱されていることを確認し、その温度と時間を記録すること。 中心温度計については、定期的に検査を行い、正確な機器を使用すること。
	野菜類の使用	二次汚染防止の観点から、原則として加熱調理する。また、教育委員会等において、生野菜の使用に当たっては、食中毒の発生状況、施設及び設備の状況、調理過程における二次汚染防止のための措置、学校給食調理員の研修の実施、管理運営体制の整備等の衛生管理体制の実態、並びに生野菜の食生活に果たす役割等を踏まえ、安全性を確認しつつ、加熱調理の有無を判断すること。 生野菜の使用に当たっては、流水で十分洗浄し、必要に応じて、消毒するとともに、消毒剤が完全に洗い落とされるまで流水で水洗いすること。
	和えもの、サラダ等の料理	混ぜ合わせ、料理の配食及び盛りつけに際しては、清潔な場所で、清潔な器具を使用し、料理に直接手を触れないよう調理すること。
	和えもの、サラダ等について	各食品を調理後速やかに冷却機等で冷却を行った上で、冷却後の二次汚染に注意し、冷蔵庫等で保管するなど適切な温度管理を行うこと。 やむを得ず水で冷却する場合は、直前に使用水の遊離残留塩素が0.1mg/L以上であることを確認し、確認した数値及び時間を記録すること。 和える時間を配食の直前にするなど給食までの時間の短縮を図り、調理終了時に温度及び時間を記録すること。

	マヨネーズ	つくらないこと。
	缶詰	缶の状態、内壁塗装の状態等を注意すること。
②使用水の安全確保	使用水	学校環境衛生基準（平成二十一年文部科学省告示第六十号）に定める基準を満たす飲料水を使用する。 毎日、調理開始前に十分流水した後及び調理終了後に遊離残留塩素が0.1mg/L以上であること。 外観、臭気、味等について水質検査を実施し、その結果を記録すること。 使用に不適な場合は、給食を中止し速やかに改善措置を講じること。 再検査の結果使用した場合は、使用した水1Lを保存食用の冷凍庫に－20℃以下で2週間以上保存すること。
	貯水槽	専門の業者に委託する等により、年1回以上清掃すること。 清掃した証明書等の記録は1年間保管すること。
③二次汚染の防止	調理作業工程表、作業動線図	作業前に確認し、作業に当たること。
	食品、調理用の器具、容器	床面から60cm以上の高さの置台の上に置くこと。
	食肉、魚介類及び卵	専用の容器、調理用の機器及び器具を使用すること。
	食品、調理用の機械、機器、器具、容器 包丁、まな板類	汚染の防止の徹底を図ること。 食品別及び処理別の使い分けの徹底を図ること。
	下処理後の加熱を行わない食品及び加熱調理後冷却する必要のある食品の保管	原材料用冷蔵庫は使用しないこと。
	加熱調理した食品、調理終了後の食品	衛生的な容器にふたをして保存するなど、衛生的な取扱いを行うこと。
	調理終了後の食品	素手でさわらないこと。
	ふきん	使用しないこと。
	エプロン、履物等	明確に作業区分ごとに使い分けること。 作業区分ごとに洗浄及び消毒し、翌日までに乾燥させ、区分して保管すること。
④食品の適切な温度管理等	調理室内の温度、湿度 換気	確認し、その記録を行うこと。 行うこと。
	原材料の適切な温度管理 冷蔵、冷凍保管する必要のある食品	鮮度を保つこと。 常温放置しないこと。
	加熱調理後冷却	冷却機等を用いて温度を下げ、調理用冷蔵庫で保管すること。 加熱終了、冷却開始、冷却終了時の温度及び時間を記録すること。
	配送及び配食	必要に応じて保温食缶及び保冷食缶、蓄冷材等を使用し、温度管理を行うこと。
	調理後の食品	適切な温度管理を行い、調理後2時間以内に給食できるよう努めること。 配食の時間を毎日記録すること。 共同調理場においては、調理場搬出時及び受配校搬入時の時間を毎日記録するとともに、温度を定期的に記録すること。
	加熱調理食品にトッピングする非加熱調理食品	衛生的に保管し、トッピングする時期は給食までの時間が極力短くなるようにすること。
⑤廃棄物処理	廃棄物	分別し、衛生的に処理すること。 汚臭、汚液がもれないように管理すること。 廃棄物のための容器は、作業終了後速やかに清掃し、衛生上支障がないように保持すること。 作業区域内に放置しないこと。
	返却された残菜	非汚染作業区域に持ち込まないこと。
	廃棄物の保管場所	廃棄物の搬出後清掃するなどし、環境に悪影響を及ぼさないように管理すること。

（5）配送及び配食		
①配送	共同調理場	容器、運搬車の設備の整備に努め、運搬途中の塵埃等による調理済食品等の汚染を防止すること。 調理済食品等が給食されるまでの温度の管理及び時間の短縮に努めること。
②配食等	配膳室	衛生管理に努めること。
	食品を運搬	容器にふたをすること。
	パンの容器、牛乳等の瓶その他の容器等	汚染に注意すること。
	はし等を児童生徒の家庭から持参させる場合	不衛生にならないよう指導すること。
	給食当番等配食を行う児童生徒及び教職員	毎日、下痢、発熱、腹痛等の有無その他の健康状態及び衛生的な服装であることを確認すること。 配食前、用便後の手洗いを励行させ、清潔な手指で食器及び食品を扱うようにすること。
	教職員	児童生徒の嘔吐物のため汚れた食器具の消毒を行うなど衛生的に処理し、調理室に返却するに当たっては、その旨を明示し、その食器具を返却すること。 嘔吐物は、調理室には返却しないこと。
（6）検食及び保存食等		
①検食	学校給食調理場及び共同調理場の受配校	あらかじめ責任者を定めて児童生徒の摂食開始時間の30分前までに行うこと。 異常があった場合には、給食を中止するとともに、共同調理場の受配校においては、速やかに共同調理場に連絡すること。
	検食	食品の中に人体に有害と思われる異物の混入がないか、調理過程において加熱及び冷却処理が適切に行われているか、食品の異味、異臭その他の異常がないか、一食分としてそれぞれの食品の量が適当か、味付け、香り、色彩並びに形態等が適切か、児童生徒の嗜好との関連はどのように配慮されているか確認すること。
	検食を行った時間、検食者の意見等	検食の結果を記録すること。
②保存食	保存食	毎日、原材料、加工食品及び調理済食品を食品ごとに50g程度ずつビニール袋等清潔な容器に密封して入れ、専用冷凍庫に－20℃以下で2週間以上保存すること。 納入された食品の製造年月日若しくはロットが違う場合又は複数の釜で調理した場合は、それぞれ保存すること。
	原材料	洗浄、消毒等を行わず、購入した状態で保存すること。 卵については、全て割卵し、混合したものから50g程度採取し保存すること。
	保存食	原材料、加工食品及び調理済食品が全て保管されているか並びに廃棄した日時を記録すること。
	共同調理場の受配校に直接搬入される食品	共同調理場で保存すること。 複数の業者から搬入される食品については、各業者ごとに保存すること。
	展示食	保存食と兼用しないこと。
③残食及び残品	パン等残食	児童生徒の持ち帰りは、衛生上の見地から、禁止することが望ましいこと。
	パン、牛乳、おかず等の残品	全てその日のうちに処分し、翌日に繰り越して使用しないこと。

第4　衛生管理体制に係る衛生管理基準

（1）衛生管理体制	
学校給食調理場	栄養教諭等を衛生管理責任者として定めること。
衛生管理責任者	施設及び設備の衛生、食品の衛生及び学校給食調理員の衛生の日常管理等に当たること。 調理過程における下処理、調理、配送等の作業工程を分析し、各工程において清潔かつ迅速に加熱及び冷却調理が適切に行われているかを確認し、その結果を記録すること。

校長又は共同調理場の長	学校給食の衛生管理について注意を払い、学校給食関係者に対し、衛生管理の徹底を図るよう注意を促し、学校給食の安全な実施に配慮すること。
	食品の検収等の日常点検の結果、異常の発生が認められる場合、食品の返品、献立の一部又は全部の削除、調理済食品の回収等必要な措置を講じること。
	施設及び設備等の日常点検の結果、改善が必要と認められる場合、必要な応急措置を講じること。 改善に時間を要する場合、計画的な改善を行うこと。
	栄養教諭等の指導及び助言が円滑に実施されるよう、関係職員の意思疎通等に配慮すること。
教育委員会等	栄養教諭等の衛生管理に関する専門性の向上を図るため、新規採用時及び経験年数に応じた研修その他の研修の機会が確保されるよう努めること。
	学校給食調理員を対象とした研修の機会が確保されるよう努めること。 非常勤職員等も含め可能な限り全員が等しく研修を受講できるよう配慮すること。
	設置する学校について、計画を立て、登録検査機関等に委託するなどにより、定期的に原材料及び加工食品について、微生物検査、理化学検査を行うこと。
調理に直接関係のない者 調理及び点検に従事しない者	調理室に入れないこと。 食品及び器具等には触らせず、(3)三に規定する学校給食従事者の健康状態等を点検し、その状態を記録すること。 専用の清潔な調理衣、マスク、帽子及び履物を着用させる。 調理作業後の調理室等は施錠するなど適切な管理を行うこと。

(2)学校給食従事者の衛生管理

学校給食従事者	身体、衣服を清潔に保つこと。
調理及び配食	せき、くしゃみ、髪の毛等が食器、食品等につかないよう専用で清潔な調理衣、エプロン、マスク、帽子、履物等を着用すること。
便所	作業区域用の調理衣等及び履物を着用したまま入らないこと。
手指の洗浄及び消毒	作業開始前、用便後、汚染作業区域から非汚染作業区域に移動する前、食品に直接触れる作業の開始直前及び生の食肉類、魚介類、卵、調理前の野菜類等に触れ、他の食品及び器具等に触れる前に行うこと。

(3)学校給食従事者の健康管理

学校給食従事者	日常的な健康状態の点検を行うこと。 年1回健康診断を行う（年3回定期に健康状態を把握することが望ましい）こと。
検便	赤痢菌、サルモネラ属菌、腸管出血性大腸菌血清型O157その他必要な細菌等、毎月2回以上実施すること。
学校給食従事者	下痢、発熱、腹痛、嘔吐、化膿性疾患及び手指等の外傷等の有無等健康状態を、毎日、個人ごとに把握すること。 本人若しくは同居人に、感染症予防法に規定する感染症又はその疑いがあるかどうか毎日点検し、これらを記録すること。 下痢、発熱、腹痛、嘔吐をしており、感染症予防法に規定する感染症又はその疑いがある場合には、医療機関に受診させ感染性疾患の有無を確認し、その指示を励行させること。 化膿性疾患が手指にある場合には、調理作業への従事を禁止すること。
ノロウイルスを原因とする感染性疾患による症状と診断された場合	高感度の検便検査においてノロウイルスを保有していないことが確認されるまでの間、食品に直接触れる調理作業を控えさせるなど適切な処置をとること。 ノロウイルスにより発症した学校給食従事者と一緒に食事を喫食する、又は、ノロウイルスによる発症者が家族にいるなど、同一の感染機会があった可能性がある調理従事者について速やかに高感度の検便検査を実施し、検査の結果ノロウイルスを保有していないことが確認されるまでの間、調理に直接従事することを控えさせる等の手段を講じるよう努めること。

(4)食中毒の集団発生の際の措置

教育委員会等、学校医、保健所等に連絡するとともに、患者の措置に万全を期すこと。 二次感染の防止に努めること。
学校医及び保健所等と相談の上、医療機関を受診させること。 給食の停止。 児童生徒の出席停止及び必要に応じて臨時休業、消毒その他の事後措置の計画を立て食中毒の拡大防止の措置を講じること。

(1)に掲げる事項については、毎学年1回定期に検査を行うこと。

(2)及び(3)に掲げる事項については、毎学年3回定期に検査を行うこと。

実施記録を保管すること。

校長の指導のもと養護教諭等が児童生徒の症状の把握に努める等関係職員の役割を明確にし、校内組織等に基づいて学校内外の取組体制を整備すること。

保護者に対しては、できるだけ速やかに患者の集団発生の状況を周知させ、協力を求めること。プライバシー等人権の侵害がないよう配慮すること。

食中毒の発生原因については、保健所等に協力し、速やかに明らかとなるように努め、その原因の除去、予防に努めること。

第5　日常及び臨時の衛生検査

日常の衛生検査	（1）学校給食の施設及び設備	清潔で衛生的であること。 調理室及び食品の保管室の温度及び湿度、冷蔵庫及び冷凍庫内部の温度を適切に保ち、これらの温度及び湿度が記録されていること。	毎日点検を行うこと。
	（2）食器具、容器及び調理用器具	使用後、でん粉及び脂肪等が残留しないよう、確実に洗浄すること。 損傷がないように確認し、熱風保管庫等により適切に保管されていること。 フードカッター、ミキサー等調理用の機械及び機器は、使用後に分解して洗浄及び消毒した後、乾燥されていること。	
	（3）使用水	調理開始前に十分流水した後及び調理終了後に遊離残留塩素が0.1mg/L以上であること、外観、臭気、味等について水質検査が実施され、記録されていること。	
	（4）調理室	調理作業に不必要な物品等を置いていないこと。	
	（5）食品	品質、鮮度、箱、袋の汚れ、破れその他の包装容器等の状況、異物混入及び異臭の有無、消費期限、賞味期限の異常の有無等を点検するための検収が適切に行われていること。 それらが記録されていること。	
	（6）食品等	清潔な場所に食品の分類ごとに区分され衛生的な状態で保管されていること。	
	（7）下処理、調理、配食	作業区分ごとに衛生的に行われていること。	
	（8）生食する野菜類及び果実類等	流水で十分洗浄されていること。 必要に応じて消毒されていること。	
	（10）調理に伴う廃棄物	分別し、衛生的に処理されていること。	
	（11）給食当番等配食を行う児童生徒及び教職員	健康状態は良好であり、服装は衛生的であること。	
	（12）調理後給食までの時間及び検食	速やかに給食されるよう配送及び配食され、その時刻が記録されていること。 給食前に責任者を定めて検食が行われていること。	
	（13）保存食	適切な方法で、2週間以上保存され、記録されていること。	
	（14）学校給食従事者	服装及び身体が清潔であること。 作業開始前、用便後、汚染作業区域から非汚染作業区域に移動する前、食品に直接触れる作業の開始直前及び生の食肉類、魚介類、卵、調理前の野菜類等に触れ、他の食品及び器具等に触れる前に、手指の洗浄及び消毒が行われていること。	
	（15）学校給食従事者	下痢、発熱、腹痛、嘔吐、化膿性疾患及び手指等の外傷等の有無等健康状態を、毎日、個人ごとに把握すること。 本人若しくは同居人に感染症予防法に規定する感染症又は、その疑いがあるかどうか毎日点検し、これらが記録されていること。 下痢、発熱、腹痛、嘔吐をしており、感染症予防法に規定する感染症又はその疑いがある場合には、医療機関に受診させ感染性疾患の有無を確認し、その指示が励行されていること。 化膿性疾患が手指にある場合には、調理作業への従事が禁止されていること。	
臨時衛生検査	感染症・食中毒の発生のおそれがあり、また、発生した。		必要な検査項目を設定し、定期的に行う衛生検査に準じて行うこと。
	風水害等により環境が不潔になり、又は汚染され、感染症の発生のおそれがある。		
	その他必要なとき。		

第6 雑則

記録の保存	記録は、1年間保存すること。
クックチル方式	専用の施設設備の整備、二次汚染防止のための措置、学校給食従事者の研修の実施、衛生管理体制の整備等衛生管理のための必要な措置を講じ実施すること。

1．HACCPとはどのようなものですか。

HACCP（ハサップ）とは、*Hazard Analysis and Critical Control Point* の略で、食品の製造・加工工程のあらゆる段階で発生するおそれのある微生物汚染等の危害をあらかじめ分析（Hazard Analysis）し、その結果に基づいて、製造工程のどの段階でどのような対策を講じればより安全な製品を得ることができるかという重要管理点（Critical Control Point）を定め、これを連続的に監視することにより製品の安全を確保する衛生管理の手法です。この手法は 国連の国連食糧農業機関（FAO）と世界保健機関（WHO）の合同機関である食品規格（コーデックス）委員会から発表され、各国にその採用を推奨している国際的に認められたものです。

　従来の衛生管理は、調理された食品に対して官能検査や細菌検査、化学検査が行われ、調理過程や原材料の安全等が確認されていましたが、HACCPでは下図のように、学校給食に使用される原材料や調理過程、学校給食従事者等のすべての項目について重要管理点を定め点検管理する方式です。

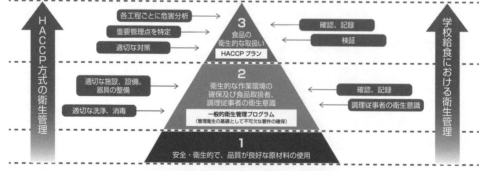

図3-1　HACCPの考え方に基づいた衛生管理
（出典：独立行政法人日本スポーツ振興センター『学校給食衛生管理基準の解説―学校給食における食中毒防止の手引―』より）

2．学校給食において食の安全性は、どのように考えればよいですか。

食品の安全性は、次のような観点から考えるとよいでしょう。

表3-1　食品に含まれる危険性の観点

危険の種類	危険
生物的な危険	食中毒原因微生物の付着 微生物の増殖 微生物による酸化分解（腐敗）
化学的な危険	有害・不要食品添加物 アレルギー誘因物質
物理的な危険	異物の混入

これらの観点からHACCPの考え方に基づいて点検管理を行います。

3．学校給食において注意すべき食中毒にはどのようなものがありますか。

食中毒の主な病因としては、細菌、ウイルス、寄生虫等の病原体、自然毒、化学毒があります。食中毒を起こす主な細菌は、次の通りです。

表3-2　食中毒を引き起こす主な病原体

カンピロバクター、サルモネラ属菌、ウイルスや寄生虫、腸炎ビブリオ、セレウス菌、ウェルシュ菌、黄色ブドウ球菌、ボツリヌス菌、エルシニア・エンテロコリチカ、ナグビブリオ、腸管出血性大腸菌（O157等）、ノロウイルス、アニサキス

平成16年度から平成26年度までに発生した食中毒の種類は、多い順に、ノロウイルスによる食中毒28件、ヒスタミンによるもの6件、サルモネラ・エンテリティディス2件、カンピロバクター2件、サルモネラO18、セレウス菌、病原大腸菌O44がそれぞれ1件となっています。

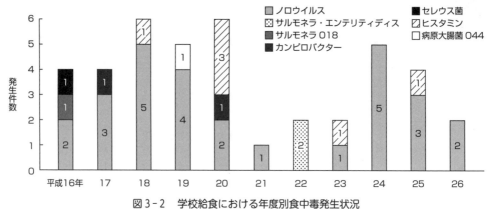

図3-2 学校給食における年度別食中毒発生状況
（独立行政法人日本スポーツ振興センターホームページ学校安全Webのデータをもとに筆者作成）

また、発生時期については、下記のようになっています。

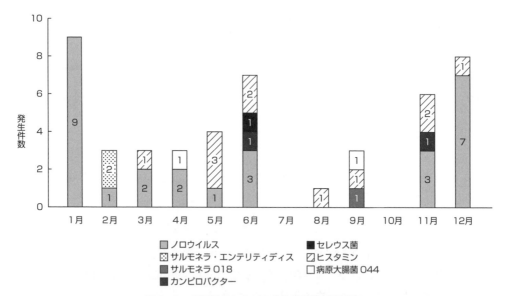

図3-3 学校給食における食中毒発生月別状況
（独立行政法人日本スポーツ振興センターホームページ学校安全Webのデータをもとに筆者作成）

 4．学校給食の衛生検査には、どのようなものがありますか。

 学校環境衛生基準と同様、定期検査、日常点検、臨時検査があります。
1）定期検査
定期検査は、以下の項目について、各定期検査票を用いて行います。

第2　学校給食施設設備　学校給食施設等定期検査票（第1票）　　　　毎学年1回

　　　　　　　　　　　学校給食設備等の衛生管理定期検査票（第2票）　　　毎学年3回
　　　　　　　　　　　学校給食用食品の検収・保管等定期検査票（第3票）　毎学年3回
　　第3　調理の過程等　調理過程の定期検査票（第4票）　　　　　　　　毎学年3回
　　第4　衛生管理体制　学校給食従事者の衛生・健康状態定期検査票（第5票）毎学年1回
　　　　　　　　　　　定期検便結果処置票（第6票）　　　　　　　　　　毎学年1回
　　　　　　　　　　　学校給食における衛生管理体制定期検査票（第7票）　毎学年1回

2）日常及び臨時の衛生検査
　日常及び臨時の衛生検査は、以下の項目について、各検査・点検票を用いて行います。

　　第5　日常の衛生検査　学校給食日常点検票（第8票）　　　　　　　　毎給食日
　　　　　臨時の衛生検査　1～8票を参照して行う。

5．各検査票のポイントは、どのようなことですか。

　　　各検査票のポイントは、次の通りです。
　1）定期検査
第1票　学校給食施設等定期検査票
（1）検査方法：検査は、第1票を用いて毎学年1回行う。
　① 便所、ごみ集積場は調理場から3m以上離れた場所に設ける。便所は従事者専用にするように設置する。
　　使用区分、検収、保管、下処理、調理、配膳、洗浄の作業区域が区分されていること。作業動線を明確にして相互汚染を防止する。
　② 床はドライシステムを導入する等して床を濡らさないで作業するようにする。
　③ 排水、清掃しやすい施設であり、建物周囲の排水は良好であり、給食施設からの残菜の流出を防止する阻集器を設ける等配慮されている。
第2票　学校給食設備等の衛生管理定期検査票
（1）検査方法：検査は、第2票を用いて毎学年3回行う。
　① 食器器具とその保管状況
　　食器器具は衛生的、機能的に取り扱い常に清潔に保たれていなければならない。
　　食器具類の点検は理化学、細菌学的な方法によって行う。
　② 消毒保管庫の温度管理は、適切に機能し、食器の消毒は確実な方法で行われていて衛生状態が適切である。点検はサーミスター、サーモラベル（到達温度で変化する試験紙）等によって行う。
（2）給食施設の構造の欠陥又は故障箇所の改善修理には多額の費用を必要とする場合があるが、校長は学校薬剤師等の助言を得て、教育委員会等の設置者に要請する。
　　設備の欠陥、故障や取り扱いの不適切は重大な事故に結び付くので速やかに改善等の措置を

行う必要がある。

第3票　学校給食用食品の検収・保管等定期検査票、及び、第4票　調理過程の定期検査票

（1）検査方法：検査は第3票、第4票を用いて毎学年3回行う。

学校給食の事故防止、安全性、等の観点から、使用水の遊離残留塩素の安全確保は責任者を定めて実施し、事故等が生じた場合の追跡調査に資するための保存食について適正におこなわれていなければならない。

検食は児童生徒が食事をする前30分から1時間前に責任者を定めて行い、緊急時に対応や処置をとられる時間的余裕が必要である。

また、調理過程については学校給食調理場で栄養教諭等と学校給食調理員が相互の役割分担と連携のもと、調理過程の衛生管理の充実を図る。

第5票　学校給食従事者の衛生・健康状態定期検査票

（1）検査方法：検査は第5票を用いて毎学年1回行う。

学校給食について衛生管理体制が組織的に十分整っているか、衛生管理責任者が定められているか、学校保健委員会等で学校給食について検討されているかを調べる。

第6票　定期検便結果処置票

（1）検査方法：検査は第6票を用いる。

定期的に給食従事者の健康診断をしているか、検便が毎月2回以上行われ、その結果の保存があるか、健康状態の観察が毎日行われておりその記録はあるか、等を調べる。

第7票　学校給食における衛生管理体制定期検査票

（1）検査方法：検査は第7票を用いて毎学年1回行う。

2）日常点検

学校給食の日常点検

学校給食衛生管理の維持改善を図るため、給食が始まる日毎に点検する。

（1）検査回数：第8票（学校給食日常点検票）を用いて毎日行う。

学校薬剤師は、学校給食衛生管理について施設設備その他の衛生管理に関することがらについて、学校給食関係者に適切な助言・指導を行う。

定期検査と緊密な連携を図ることが望まれ、定期検査の結果から日常点検に反映したり、逆に、日常点検の結果に基づいて定期検査につなげることは望ましいことである。

3）臨時検査と対応と対策

臨時衛生検査

（1）学校給食衛生管理の維持改善を図るため、次のような場合、必要があるときは臨時衛生検査を行うものとする。

① 感染症・食中毒の発生のおそれがあり、また、発生したとき。

② 風水害等により環境が不潔になり、又は汚染され、感染症の発生の恐れがあるとき。

③ その他必要なとき。

また、臨時衛生検査は、その目的に即して必要な検査項目を設定し、その検査項目の実施に当たっては、定期的に行う衛生検査に準じて行うこと。

定期検査の方法に従って検査し、定期検査の結果と比較して適切な助言と指導を行う。

6．消毒と滅菌、殺菌はどう違うのですか。

消毒、滅菌、殺菌は混同しやすく間違えやすいので注意してください。

消毒とは、病原菌を殺し感染を防止することです。100％の細菌を殺すことにはなりません。この方法には焼却、煮沸、日光、紫外線、蒸気、薬物等があります。

滅菌とは熱、薬等によって無菌状態を作り出すことです。細菌等が完全に、100％存在しない状態をいいます。

殺菌は、細菌等の病原体を死滅させることをいいます。煮沸、殺菌剤、紫外線等を用いて行います。消毒、滅菌も広義ではこの殺菌の概念に含まれます。

7．給食調理場において、食器類、調理器具、調理台等、及び施設の清掃や消毒剤の使い方を教えてください。

給食室では、作業区分ごとに手洗いをして、次の工程に細菌等を持ち込まないことが第一の条件になります。消毒の方法は、学校の場合、煮沸消毒、薬剤を用いる方法またはこれと同等以上の効力のあるものとされています。

煮沸消毒においては、沸騰した状態で器具等を入れ10〜15分間は完全に沸騰した状態を保たなければ消毒の意義は達成できません。

消毒薬品は、市販品もたくさん種類があり、濃度がそれぞれ異なっている場合が多いことから、水道水で適量薄めて使います。時間（浸漬時間）を必ず守り、一度消毒に用いたものに薬剤をつぎ足して使用せず、その都度、水を交換して次のものを消毒するようにします。

薬剤を用いる方法は表3−3に示します。二枚貝等を取り扱うときは、専用の調理器具（まな板、包丁等）を使用するか、調理器具を使用の都度洗浄、熱湯消毒する等の対策により、他の食材への二次汚染を防止する等、特に注意するよう気をつけましょう。

その他、同等以上の効力のあるものとしては、以下のようなものがあります。

（1）消毒剤と洗剤が混ざったもの等、スプレー状になって使用に便利なものが市販されています。用途等、使い方を十分に理解した上で使用してください。ただ単に使ったというだけでは意味がありません。逆に非常に危険が伴います。

（2）熱風消毒保管庫の適切な使用によって、食器類、器具類を効率よく消毒することが可能です。

表3-3　給食室で使用する消毒剤の使い方

薬品名	濃　度	時　間	使用範囲
逆性石けん （塩化ベンザルコニウム液）	10w／v%	2分間以上 こすり合わせる	・手指の洗浄
有機酸	酢 クエン酸等	生酢 10～20分	・野菜および果物を加熱せずに供する場合 ・食器類（熱風消毒保管庫を使用しない施設） ・食缶（※）
次亜塩素酸ナトリウム	遊離残留塩素 200mg/L	5分間以上浸漬	
	遊離残留塩素 100mg/L	10分間以上浸漬	
	遊離残留塩素 200mg/L	散布	床面、排水溝、清掃用具
		2分間以上	足洗い場（長靴を消毒）
消毒用エタノール	70w／v% ～80w／v%	布、ふきん等で 清拭又は噴霧	調理台、冷蔵庫、冷凍庫、保管庫、熱風消毒保管庫、調理機器、器具等、真空冷却器、配食器具類、厨芥容器、リフト運搬器具、すのこ、ゴムホース、天井、食品庫、腰板、手洗い施設、食品保管場所 （包丁、まな板、へら）
消毒用イソプロピル アルコール	50w／v%		

※熱風消毒保管庫での消毒。食器類、食缶、包丁、まな板、へら等を収納し、ぬれた状態が完全に乾燥していることを確認する。

8．ノロウイルスの感染を防ぐ方法には、どのようなものがありますか。

　　ノロウイルスの失活化には、エタノールや逆性石けんはあまり効果がありません。ノロウイルスを完全に失活化する方法には、次亜塩素酸ナトリウムによる殺菌と加熱があります。調理器具等は、洗剤等を使用し十分に洗浄した後、次亜塩素酸ナトリウム（遊離残留塩素濃度200mg/L）で浸すように拭くことでウイルスを失活化できます。また、まな板、包丁、へら、食器、ふきん、タオル等は熱湯（85～90℃）で90秒以上の加熱が有効です。

9．下洗いした野菜を、調理室で調理します。よく下洗いすれば細菌は除去されますか。また豆腐等のビニール包装されている容器は、きれいで安全ですか。

　　日本体育・学校健康センター（現：独立行政法人日本スポーツ振興センター）の調査によって次のような報告がなされています。

1）食材の洗浄水及び水切り水等（48検体）

　もやし、レンコン、ごぼう等の下処理洗浄時及び冷凍インゲンの解凍時の水切り水は、細菌汚染が著しく、大腸菌群もかなり検出されました。また、豆腐の漬け水も同様に、著しい汚染が認められました。

表3-4　調査結果

検体名	一般生菌数（CFU）	大腸菌群数（CFU）
もやし	10^6	10^6
レンコン（泥水）	10^6	10^3
ごぼう	10^7	10^7
キャベツ	10^6	<300
冷凍インゲン	10^7	<300
豆腐の漬け水	10^7	10^5〜10^6

■対策

野菜下処理洗浄時の水切り水等は細菌汚染が著しいため、はね水等には十分注意をすること。

2）食品、包装容器等（17検体）

鶏肉等やもやしの入ったビニール袋は、袋の外側も細菌汚染が著しく、大量の大腸菌群の他、大腸菌も検出されました。なお、他の食品の包装容器（ビニール袋）12検体は、特に問題はないと考えられます。

表3-5　問題のあった食品の包装容器（ビニール袋）

検体名（検体数）	一般生菌数（CFU）	大腸菌群数（CFU）	備　考
鶏肉等の袋（3）	10^4〜10^7	〜10^6	袋の外側
もやしの袋（2）	10^7〜10^8	10^7	袋の外側

■対策

食品の包装容器等は、細菌に汚染されている場合も多いようです。特に、食肉・魚介類等は汚染されている可能性が高いため、調理室に業者納入容器のままでは絶対に持ち込まない等、取り扱いには十分注意をすること。

3）手袋

使い捨てのものも含めて、一部において、二重にはめて使用したり、片手だけの使用、手袋の中に水が入るような問題のある使用方法も見られました。

■対策

手袋は作業ごとに換えること。

10. 学校給食において作業区分ごとの手洗いの励行がいわれています。手洗いの方法にはどんなものがあり、効果はどの程度あるのでしょうか。また、洗面器での薬品の使用は禁止と聞きました。どうしてですか。

手洗いの方法には次のような方法があります。

1）スワブ法（清拭法）

消毒剤を脱脂綿、ガーゼ等に浸し清拭します。消毒剤をたっぷりつけ、部位に十分浸漬すること

が必要です。皮膚と消毒剤が一定の時間接触しなければ効果が期待できません。

２）ベースン法（浸漬法）

　洗面器等に消毒剤を入れ、手を浸して消毒します。一般に使用する人は消毒時間が短いので少なくとも30秒以上が必要です。タオルを使用するため、人を介した交差汚染の危険性があります。約25人が手洗いをすると消毒剤の含有量が約70％に低下するといわれています。

３）クラブ法（洗浄法）

　洗剤入りの消毒剤を使用し、少量の流水で泡立て後洗い流します。消毒剤が弱いと泡沫飛散が懸念されますので、十分に使用することです。ミラルーム、アルボース、ミューズ石けん等を用います。

４）ビング法（擦式法）

　速乾性の擦式消毒剤を手掌にとり乾燥するまで擦り込んで消毒します。しかし、手指の汚れは取りにくく、指先にも消毒剤が接触するようにブラシでこする等が必要です。短時間で消毒ができます。またタオル、ペーパーが不要になります。エタノール、イソプロピルアルコール、塩化ベンザルコニウム、グルコン酸、クロルヘキシジン、ポピドンヨード等があります。

　上記のうち１）、２）は消毒の効果が十分ではないようです。特に２）については、最初の人はよいのですが、後の人は不完全になり逆に汚れを付ける結果も予想されますので、学校では中止する等の措置を講じてください。

　次に手洗いの効果について、表３-６は手洗い効果の比較で、くみ置きの水で洗った場合、流水の場合、ていねいに洗ったり簡単に洗ったりした場合の比較、表３-７は石けんの効用についての洗浄効果の比較を示したものです。学校においては、石けんできれいに洗い、水洗後さらに殺菌剤で消毒し、エアタオル等で乾燥すること等が決められています。

表３-６　手洗い効果の比較

方　法			菌数（CFU）		残存率（％）
			手洗い前	手洗い後	
井戸水	くみ置き		2,400	1,500	62.5
	流　水		>30,000	6,400	>21.3
水道水	簡単	くみ置き	4,000	1,600	36.5
		流　水	>40,000	4,800	>12.0
	ていねい	くみ置き	10,000	1,300	13.0
		流　水	>60,000	1,100	<1.83
温湯(35℃)	くみ置き		5,700	750	13.1
	流　水		3,500	58	1.65
石けん	簡単		849	54	6.4
	ていねい		3,500	8	0.22
石けん水３％クレゾール	簡単		>40,000	2,100	<5.25
	ていねい		8,500	13	0.15

表3-7　手指の洗浄効果

石けんの有無	水	菌数（CFU）手洗い前	菌数（CFU）手洗い後	除去率（%）
石けんなし 水道水	くみ置き	4,400	1,600	64
石けんなし 水道水	流水	40,000	4,800	88
石けんなし 井戸水	くみ置き	2,400	1,520	37
石けんなし 井戸水	流水	30,000	6,400	79
石けん使用 水道水	流水	840	54	93
石けん使用、ていねいに洗う、水道水	流水	3,500	8	99.7

11. 腸管出血性大腸菌O157を原因として起こる食中毒の対策を教えてください。

　学校給食での食中毒の発生は、一度に多くの被害者を出すことが特徴です。最近HACCP（Hazard Analysis critical control point；危害分析重要管理点方式）といわれる衛生管理の手法が取られています。調理過程における重要な工程を管理することによって、ひとつひとつの製品の安全性を確保しようとする衛生管理の手法です。すなわち、食品、食材、調理過程等、1過程ごとに含まれる可能性のある食中毒原因とその発生防止方法を分析することです。食品と調理過程のどこで食中毒による汚染、増殖が起こるか、それを防ぐにはどういう方法があるかを考えることになります。

　以下に、特に注意すべき点を記します。

1）食品、食材の購入

　新鮮さ、消費期限の確認、1食材ごとの確保（鮮度保持用のビニール袋に1食材ごとに保存し、他の食材を混ぜない）。

2）保存に注意

　細菌等の増殖を防ぐため、冷蔵庫や冷凍庫に入れる。

3）手洗い

　水質に注意し、生の食品（肉、魚、卵）を取り扱ったときは、その都度こまめに手を洗う。

4）調理

　まな板は魚・肉用と野菜・果物用とに分け、使用後は速やかに洗う。できれば消毒剤（次亜塩素酸ナトリウム液の入ったもの）に付けた後、よく乾燥させる。加熱調理を原則とし、食品は中心温度75℃以上で1分間以上加熱する。

5）配食

　調理した食品はできるだけ早く喫食する。できれば2時間以内に食べる。食器は、熱風消毒保管庫で完全に乾いていることを確認する。ぬれた状態だと完全に消毒されていない。

6）残菜

　　給食後の残った食品は専用の容器等に入れ、飛散しないよう、また、ネズミ、ハエ等衛生害虫にも十分に注意する。

　その他の細菌性食中毒もほぼ同様ですが、特にO157では少量の菌（10〜100個／人）でも発症するといわれています。食中毒予防は、食中毒菌を「付けない」、「増やさない」、「死滅させる」の3つが原則です。

　また、文部省では、家庭における留意事項として次の事項をあげています（平成9年4月1日文体学第268号局長通知：現在廃止）。

（1）生鮮食品は、新鮮なものを用いるとともに、保存にあたっては、冷蔵や冷凍など必要な温度管理を行うこと。
（2）食品の保存や調理にあたっては、生の肉や魚などの汁が、果物やサラダなど生で食べる食品や調理済食品にかからないようにすること。
（3）包丁、まな板等は、生の肉や魚などを調理した後に使用する場合には、熱湯で十分に消毒してから使用すること。
（4）食品を扱う際には、扱う前と後に十分に手洗いを行うこと。
（5）加熱すべき食品については、十分に加熱を行うこと（食品の中心温度が75℃以上で1分間以上）。
（6）使用水に、十分注意すること。
（7）調理後は、清潔な手で、清潔な器具を使い、清潔な食器に盛り付けるとともに速やかに食すること。

12. 学校給食の食中毒にはO157やサルモネラ等、それぞれ特徴がみられます。どのような点に注意したらよいですか。

　　学校給食における食中毒が、O157やサルモネラのようにきわめて少数の菌で感染・発病する感染型の食中毒に変遷してきたことを踏まえれば、学校給食の調理施設における衛生管理は、従来に比べて格段に厳密であることが要求されるようになったのは当然です。O157やサルモネラの感染源がいまだ明確に示されていない現状では、感染源対策にもそれなりの困難が伴います。しかし、O157もサルモネラも腸内細菌ですから、基本的には従来の食中毒対策の「付けない、増やさない、死滅させる」の食中毒予防の3原則を厳密に守ればよいことになります。

　魚肉、野菜等は生鮮食品といえども無菌ではありません。したがって、洗浄や加熱等の調理工程の中で菌の数を極力減らし（死滅させる）、調理室内に菌があっても二次汚染の防止に留意し（付けない）、温度管理を徹底する（増やさない）ことが何より大切です。

　食中毒では同じ食物を食べても発病しない人から重症になる人までさまざまです。O157に感染しても3割の人は無症状です。衛生管理を中心とした対策とともに、たとえ食中毒菌が体内に入っても菌の増殖を許さない身体作りも忘れてはならないでしょう。子どもたちの生活習慣、特に食生活の見直しも含めて、細菌感染に負けない身体作りを考えることが今求められています。

　O157の感染者における、HUS（溶血性尿毒症症候群）等の発症率は8％です。また、年齢別の

抗体の保有率では、幼児ほど抗体が少ないことが知られています。

> **POINT**
> O157は逆に読んで「75℃　1分加熱すると　0になる」となります。

13. ノロウイルス感染症による食中毒が問題になっていますが、どのようなものですか。また、予防方法等について教えてください。

　ノロウイルスは、かつて小型球形ウイルス（SRSV）と呼ばれていたように、小型の球形をしたウイルスです。食中毒としての感染源は、このウイルスに汚染されたカキ等の二枚貝等を食べることによって感染します。ノロウイルスの増殖は人の腸管内のみですが、熱や乾燥にも強く、少量のウイルス（10～100個）でも感染・発症します。

　12～24時間の潜伏期を経て発症し、症状としては、腹痛、嘔気、嘔吐、下痢が起こりますが、頭痛、発熱、悪寒、筋肉痛、咽頭痛、倦怠感等を伴うこともあります。感染したかどうかを見るには、抗原を検出する簡便な方法が、開発されています。

　予防方法は、二枚貝等の食品は、85℃～90℃で90秒以上加熱することでウイルスは不活化して感染力はなくなります。また、感染者の吐物や糞便にもウイルスが多く含まれているため、二次感染を防ぐためにもこれらの処理も大切です。床等に飛び散った患者の吐物や糞便を処理するときには、使い捨てのガウン（エプロン）、マスクと手袋、くつカバーを着用し汚物中のウイルスが飛び散らないように、糞便、吐物をペーパータオル等でおおい、調整した次亜塩素酸ナトリウム液を汚物が飛び散らないように静かに注ぎます。その後静かに拭き取ります。拭き取った後は、ペーパータオル類でおおい調整した次亜塩素酸ナトリウム液（塩素濃度約200mg/L）で浸すように床を拭き取り、その後水拭きをします。オムツ等は、速やかに閉じて糞便等を包み込みます。拭き取りに使用したペーパータオル等は、ビニール袋に密閉して廃棄します。吐物等は半径2ｍ、高さ1.6ｍ程の広範囲に飛び散るので、広めに処理をしてください。

　手洗いは、食中毒の予防に有効です。調理を行う前（特に飲食業を行っている場合は食事を提供する前も）、食事の前、トイレに行った後、下痢等の患者の汚物処理やオムツ交換等を行った後（手袋をして直接触れないようにしていても）には必ず手洗いを行いましょう。常に爪を短く切って、指輪等をはずし、石けんを十分泡立て、ブラシ等を使用して手指を洗浄します。すすぎは温水による流水で十分に行い、清潔なタオルまたはペーパータオルで拭きます。石けん自体にはノロウイルスを直接失活化する効果はありませんが、手の脂肪等の汚れを落とすことにより、ウイルスを手指から剥がれやすくする効果があります。

　ノロウイルスは、学校保健安全法施行規則第18条、第19条による第3種の「その他の感染症」に該当します。ノロウイルス等感染性胃腸炎は、条件によって（医師が、感染のおそれがあると判断した場合）は、出席停止となります。学校は、受診した医師へ確認してください。

　詳しくは、厚生労働省、文部科学省「ノロウイルスに関するQ＆A」を参照してください。

ノロウイルスに感染したにもかかわらず、嘔吐、下痢等の症状が出ないまま便中にウイルスを排出しつづけることもあります。これを「不顕性感染」と言います。症状が出なくても、発症者が身近にいる場合は、自身の感染の可能性もあるため、食品等を取り扱う際には、特に注意が必要です。
　ノロウイルスが地域で流行している時には、定期の検便検査（細菌検査）にノロウイルス検査を加えます。また学校で流行していたり、同僚・家族などがノロウイルスに感染したりした場合には臨時でノロウイルスの検査を受けます。その際には、高濃度の検査（RT-PCR法等）を受けるようにします。

14. 脂肪性残留物の検査法はどのようなものがありますか。また、検査後の食器は廃棄していますが、廃棄は必要ですか。

　脂肪性残留物を検査するには、次のような方法があります。
　①パプリカアルコール溶液
　市販のパプリカ0.5〜1gをエタノール100mLに溶かします。
②クルクミンアルコール溶液
　市販のクルクミン0.1gをエタノール100mLに溶かします。ターメリック（0.5〜1g）でも代用可。
＊パプリカアルコール溶液、クルクミンアルコール溶液の市販品もあります。

　①または②の検査溶液を、検査したい食器に適量取ります。軽くゆり動かして表面全体に色素溶液を行き渡らせた後、軽く流水で水洗いします。
　パプリカアルコール溶液→オレンジ色の着色の有無を確認します。
　クルクミンアルコール溶液→紫外線（365nm）を照射し、黄緑色〜緑色の蛍光の有無を確認します。
　検査後の食器は廃棄する必要はないと考えられます。染色すると、色素等が落ちにくいので、そのような措置を講じているのでしょう。次亜塩素酸溶液や、この成分の入った消毒剤等で洗浄すれば十分きれいに落とすことができます。無駄のないようにしたいものです。ただ、比較的古い食器（5年以上経過した樹脂容器）でかなりキズが深いような場合には、交換する等の助言をして廃棄することも必要です。

15. 給食室の食器の検査をしたいと思います。残留でんぷんの検査は職員でも簡単にできますか。

　簡単に検査できますので日ごろから活用してください。試薬や検査の方法等については学校薬剤師に相談してもよいと思います。残留でんぷんは、食器のキズによってできやすい部分の残留物まで簡単に検出できます。

〈残留でんぷんの検査方法〉
試薬：ヨウ素または希ヨードチンキに精製水を加えて約5倍に薄めたものを使います。
方法：検査をする食器に試薬をふりかけ、スプレー、浸す等して食器の表面全体に試薬が行き渡るようにした後、軽く水洗いして青紫色があるかどうかを観察します（でんぷん性のものが残っている場合はその部分が青紫色になります）。

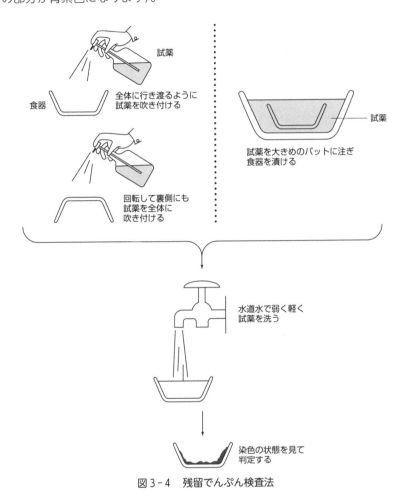

図3-4　残留でんぷん検査法

検査後の食器はその着色した部分が落ちにくいので洗剤で洗い、薄い次亜塩素酸ナトリウム液に浸した後水洗いします。

16. 学校給食関係の定期検査票（第1～5、7票）の各項目について、A・B・Cで判定しますが、AとB、BとCの境界がよくわからない項目があります。判断する基準を明確に表しているもの（通知等）はありますか。

Ａ：適、Ｃ：不適として、２段階で判断して差支えありません。
Ｂは判定できない、判断できないどちらともいえない場合です。検査は適、不適から事後措置を講じるものです。ＢはＡかＣのどちらかで措置します。Ｃがある場合には指導・助言を行います。

17. 学校薬剤師は学校給食にどのように係わっているのですか。

学校保健安全法の制定により、学校保健安全法施行規則第24条「学校薬剤師職務執行の準則」から、学校給食に関する文言はなくなったが、文部大臣告示である「学校給食衛生管理基準」が制定された。

それによると、次の項目が示されている。

第一　総則
第二　学校給食施設及び設備の整備及び管理
第三　調理過程における衛生管理
第四　衛生管理体制
第五　日常及び臨時の衛生検査
第六　雑則

そのうち、挫創には、「衛生管理上の問題がある場合には、学校医又は学校薬剤師の協力を得て速やかに改善措置を図ること」とあり、また、「(1) 学校給食施設」においては「五　学校給食施設は、設計段階において保健所及び学校薬剤師等の助言を受けるとともに、栄養教諭又は学校栄養職員（以下「栄養教諭等」という。）その他の関係者の意見を取り入れ整備すること。」とある。

また、「第2　学校給食施設及び設備の整備及び管理に係る衛生管理基準」の（1）学校給食施設①共通事項の「五　学校給食施設は、設計段階において保健所及び学校薬剤師等の助言を受けるとともに、栄養教諭又は学校栄養職員（以下「栄養教諭等」という。）その他の関係者の意見を取り入れ整備すること。」とある。

さらに、「(3) 学校給食施設及び設備の衛生管理」においては、「2　学校薬剤師等の協力を得て(1)の各号に掲げる事項について、毎学年１回定期に、(2) 及び (3) の各号に掲げる事項については、毎学年３回定期に、検査を行い、その実施記録を保管すること。」とある。

「第3　調理の過程等における衛生管理に係る衛生管理基準」においては、「2　学校薬剤師等の協力を得て1の各号に掲げる事項について、毎学年１回（(3)、(4) ②及び (6) ①②にあっては毎学年３回）、定期に検査を行い、その実施記録を保管すること。」とある。

さらに、「第4　衛生管理体制に係る衛生管理基準」においては、「四　校長等は、学校保健委員会等を活用するなどにより、栄養教諭等、保健主事、養護教諭等の教職員、学校医、学校歯科医、学校薬剤師、保健所長等の専門家及び保護者が連携した学校給食の衛生管理を徹底するための体制を整備し、その適切な運用を図ること。」などと定められており、このような事項に学校薬剤師の参画が求められています。

資　料

学校環境衛生基準
学校給食衛生管理基準

学校環境衛生基準

文部科学省告示　第138号
令和2年12月15日

第1　教室等の環境に係る学校環境衛生基準

1　教室等の環境（換気、保温、採光、照明、騒音等の環境をいう。以下同じ。）に係る学校環境衛生基準は、次表の左欄に掲げる検査項目ごとに、同表の右欄のとおりとする。

	検査項目	基準
換気及び保温等	（1）換気	換気の基準として、二酸化炭素は、1500ppm以下であることが望ましい。
	（2）温度	17℃以上、28℃以下であることが望ましい。
	（3）相対湿度	30%以上、80%以下であることが望ましい。
	（4）浮遊粉じん	0.10mg/m³以下であること。
	（5）気流	0.5m/秒以下であることが望ましい。
	（6）一酸化炭素	10ppm以下であること。
	（7）二酸化窒素	0.06ppm以下であることが望ましい。
	（8）揮発性有機化合物	
	ア．ホルムアルデヒド	100μg/m³以下であること。
	イ．トルエン	260μg/m³以下であること。
	ウ．キシレン	200μg/m³以下であること。
	エ．パラジクロロベンゼン	240μg/m³以下であること。
	オ．エチルベンゼン	3800μg/m³以下であること。
	カ．スチレン	220μg/m³以下であること。
	（9）ダニ又はダニアレルゲン	100匹/m²以下又はこれと同等のアレルゲン量以下であること。
採光及び照明	（10）照度	（ア）教室及びそれに準ずる場所の照度の下限値は、300lx（ルクス）とする。また、教室及び黒板の照度は、500lx以上であることが望ましい。 （イ）教室及び黒板のそれぞれの最大照度と最小照度の比は、20：1を超えないこと。また、10：1を超えないことが望ましい。 （ウ）コンピュータを使用する教室等の机上の照度は、500〜1000lx程度が望ましい。 （エ）テレビやコンピュータ等の画面の垂直面照度は、100〜500lx程度が望ましい。 （オ）その他の場所における照度は、産業標準化法（昭和24年法律第185号）に基づく日本産業規格（以下「日本産業規格」という。）Z9110に規定する学校施設の人工照明の照度基準に適合すること。
	（11）まぶしさ	（ア）児童生徒等から見て、黒板の外側15°以内の範囲に輝きの強い光源（昼光の場合は窓）がないこと。 （イ）見え方を妨害するような光沢が、黒板面及び机上面にないこと。 （ウ）見え方を妨害するような電灯や明るい窓等が、テレビ及びコンピュータ等の画面に映じていないこと。
騒音	（12）騒音レベル	教室内の等価騒音レベルは、窓を閉じているときは L_{Aeq} 50dB（デシベル）以下、窓を開けているときは L_{Aeq} 55dB以下であることが望ましい。

2　1の学校環境衛生基準の達成状況を調査するため、次表の左欄に掲げる検査項目ごとに、同表の右欄に掲げる方法又はこれと同等以上の方法により、検査項目（1）〜（7）及び（10）〜（12）については、毎学年2回、検査項目（8）及び（9）については、毎学年1回定期に検査を行うものとする。

資料　学校環境衛生基準

	検査項目	方法
換気及び保温等	（1）換気	二酸化炭素は、検知管法により測定する。
	（2）温度	0.5度目盛の温度計を用いて測定する。
	（3）相対湿度	0.5度目盛の乾湿球湿度計を用いて測定する。
	（4）浮遊粉じん	相対沈降径10μm以下の浮遊粉じんをろ紙に捕集し、その質量による方法(Low-Volume Air Sampler法) 又は質量濃度変換係数（K）を求めて質量濃度を算出する相対濃度計を用いて測定する。
	（5）気流	0.2m/秒以上の気流を測定することができる風速計を用いて測定する。
	（6）一酸化炭素	検知管法により測定する。
	（7）二酸化窒素	ザルツマン法により測定する。
	（8）揮発性有機化合物	揮発性有機化合物の採取は、教室等内の温度が高い時期に行い、吸引方式では30分間で2回以上、拡散方式では8時間以上行う。
	ア．ホルムアルデヒド	ジニトロフェニルヒドラジン誘導体固相吸着／溶媒抽出法により採取し、高速液体クロマトグラフ法により測定する。
	イ．トルエン	固相吸着／溶媒抽出法、固相吸着／加熱脱着法、容器採取法のいずれかの方法により採取し、ガスクロマトグラフー質量分析法により測定する。
	ウ．キシレン	
	エ．パラジクロロベンゼン	
	オ．エチルベンゼン	
	カ．スチレン	
	（9）ダニ又はダニアレルゲン	温度及び湿度が高い時期に、ダニの発生しやすい場所において1m²を電気掃除機で1分間吸引し、ダニを捕集する。捕集したダニは、顕微鏡で計数するか、アレルゲンを抽出し、酵素免疫測定法によりアレルゲン量を測定する。

備考
一　検査項目（1）～（7）については、学校の授業中等に、各階1以上の教室等を選び、適当な場所1か所以上の机上の高さにおいて検査を行う。
　　検査項目（4）及び（5）については、空気の温度、湿度又は流量を調節する設備を使用している教室等以外の教室等においては、必要と認める場合に検査を行う。
　　検査項目（4）についでは　検査の結果が著しく基準値を下回る場合には、以後教室等の環境に変化が認められない限り、次回からの検査を省略することができる。
　　検査項目（6）及び（7）については、教室等において燃焼器具を使用していない場合に限り、検査を省略することができる。
二　検査項目（8）については、普通教室、音楽室、図工室、コンピュータ教室、体育館等必要と認める教室において検査を行う。
　　検査項目（8）ウ～カについては、必要と認める場合に検査を行う。
　　検査項目（8）については、児童生徒等がいない教室等において、30分以上換気の後5時間以上密閉してから採取し、ホルムアルデヒドにあっては高速液体クロマトグラフ法により、トルエン、キシレン、パラジクロロベンゼン、エチルベンゼン、スチレンにあってはガスクロマトグラフー質量分析法により測定した場合に限り、その結果が著しく基準値を下回る場合には、以後教室等の環境に変化が認められない限り、次回からの検査を省略することができる。
三　検査項目（9）については、保健室の寝具、カーペット敷の教室等において検査を行う。

	検査項目	方法
採光及び照明	（10）照度	日本産業規格C1609に規定する照度計の規格に適合する照度計を用いて測定する。 教室の照度は、図に示す9か所に最も近い児童生徒等の机上で測定し、それらの最大照度、最小照度で示す。 黒板の照度は、図に示す9か所の垂直面照度を測定し、それらの最大照度、最小照度で示す。 教室以外の照度は、床上75cmの水平照度を測定する。なお、体育施設及び幼稚園等の照度は、それぞれの実態に即して測定する。
	（11）まぶしさ	見え方を妨害する光源、光沢の有無を調べる。

155

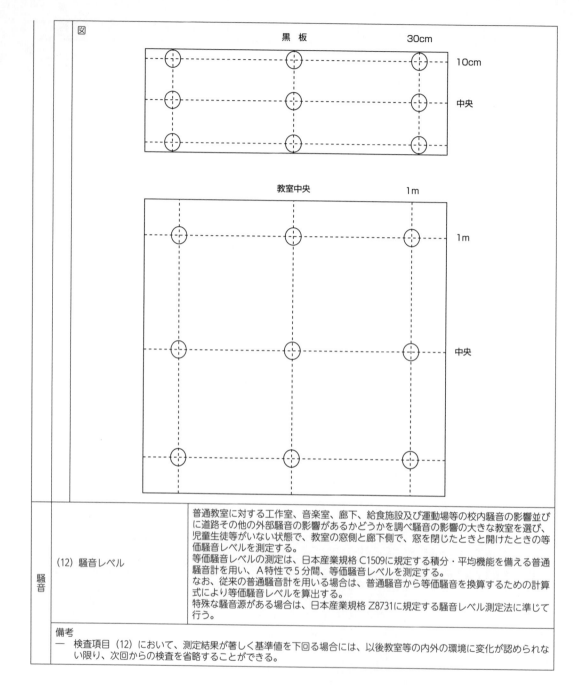

騒音	(12) 騒音レベル	普通教室に対する工作室、音楽室、廊下、給食施設及び運動場等の校内騒音の影響並びに道路その他の外部騒音の影響があるかどうかを調べ騒音の影響の大きな教室を選び、児童生徒等がいない状態で、教室の窓側と廊下側で、窓を閉じたときと開けたときの等価騒音レベルを測定する。 等価騒音レベルの測定は、日本産業規格 C1509に規定する積分・平均機能を備える普通騒音計を用い、A特性で5分間、等価騒音レベルを測定する。 なお、従来の普通騒音計を用いる場合は、普通騒音から等価騒音を換算するための計算式により等価騒音レベルを算出する。 特殊な騒音源がある場合は、日本産業規格 Z8731に規定する騒音レベル測定法に準じて行う。
	備考 一 検査項目（12）において、測定結果が著しく基準値を下回る場合には、以後教室等の内外の環境に変化が認められない限り、次回からの検査を省略することができる。	

資料　学校環境衛生基準

第2　飲料水等の水質及び施設・設備に係る学校環境衛生基準

1　飲料水等の水質及び施設・設備に係る学校環境衛生基準は、次表の左欄に掲げる検査項目ごとに、同表の右欄のとおりとする。

検査項目			基準
水質	（1）水道水を水源とする飲料水（専用水道を除く。）の水質		
		ア．一般細菌	水質基準に関する省令（平成15年厚生労働省令第101号）の表の下欄に掲げる基準による。
		イ．大腸菌	
		ウ．塩化物イオン	
		エ．有機物（全有機炭素（TOC）の量）	
		オ．pH値	
		カ．味	
		キ．臭気	
		ク．色度	
		ケ．濁度	
		コ．遊離残留塩素	水道法施行規則（昭和32年厚生省令第45号）第17条第1項第3号に規定する遊離残留塩素の基準による。
	（2）専用水道に該当しない井戸水等を水源とする飲料水の水質		
		ア．専用水道（水道法（昭和32年法律第177号）第3条第6項に規定す「専用水道」をいう。以下同じ。）が実施すべき水質検査の項目	水質基準に関する省令の表の下欄に掲げる基準による。
		イ．遊離残留塩素	水道法施行規則第17条第1項第3号に規定する遊離残留塩素の基準による。
	（3）専用水道（水道水を水源とする場合を除く。）及び専用水道に該当しない井戸水等を水源とする飲料水の原水の水質		
		ア．一般細菌	水質基準に関する省令の表の下欄に掲げる基準による。
		イ．大腸菌	
		ウ．塩化物イオン	
		エ．有機物（全有機炭素（TOC）の量）	
		オ．pH値	
		カ．味	
		キ．臭気	
		ク．色度	
		ケ．濁度	
	（4）雑用水の水質		
		ア．pH値	5.8以上8.6以下であること。
		イ．臭気	異常でないこと。
		ウ．外観	ほとんど無色透明であること。
		エ．大腸菌	検出されないこと。
		オ．遊離残留塩素	0.1mg/L（結合残留塩素の場合は0.4mg/L）以上であること。

施設・設備	（5）飲料水に関する施設・設備	
	ア．給水源の種類	上水道、簡易水道、専用水道、簡易専用水道及び井戸その他の別を調べる。
	イ．維持管理状況等	（ア）配管、給水栓、給水ポンプ、貯水槽及び浄化設備等の給水施設・設備は、外部からの汚染を受けないように管理されていること。また、機能は適切に維持されていること。 （イ）給水栓は吐水口空間が確保されていること。 （ウ）井戸その他を給水源とする場合は、汚水等が浸透、流入せず、雨水又は異物等が入らないように適切に管理されていること。 （エ）故障、破損、老朽又は漏水等の箇所がないこと。 （オ）塩素消毒設備又は浄化設備を設置している場合は、その機能が適切に維持されていること。
	ウ．貯水槽の清潔状態	貯水槽の清掃は、定期的に行われていること。
	（6）雑用水に関する施設・設備	（ア）水管には、雨水等雑用水であることを表示していること。 （イ）水栓を設ける場合は、誤飲防止の構造が維持され、飲用不可である旨表示していること。 （ウ）飲料水による補給を行う場合は、逆流防止の構造が維持されていること。 （エ）貯水槽は、破損等により外部からの汚染を受けず、その内部は清潔であること。 （オ）水管は、漏水等の異常が認められないこと。

2　1の学校環境衛生基準の達成状況を調査するため、次表の左欄に掲げる検査項目ごとに、同表の右欄に掲げる方法又はこれと同等以上の方法により、検査項目（1）については、毎学年1回、検査項目（2）については、水道法施行規則第54条において準用する水道法施行規則第15条に規定する専用水道が実施すべき水質検査の回数、検査項目（3）については、毎学年1回、検査項目（4）については、毎学年2回、検査項目（5）については、水道水を水源とする飲料水にあっては、毎学年1回、井戸水等を水源とする飲料水にあっては、毎学年2回、検査項目（6）については、毎学年2回定期に検査を行うものとする。

	検査項目	方法
水質	（1）水道水を水源とする飲料水（専用水道を除く。）の水質	
	ア．一般細菌	水質基準に関する省令の規定に基づき厚生労働大臣が定める方法（平成15年厚生労働省告示第261号）により測定する。
	イ．大腸菌	
	ウ．塩化物イオン	
	エ．有機物（全有機炭素（TOC）の量）	
	オ．pH値	
	カ．味	
	キ．臭気	
	ク．色度	
	ケ．濁度	
	コ．遊離残留塩素	水道法施行規則第17条第2項の規定に基づき厚生労働大臣が定める遊離残留塩素及び結合残留塩素の検査方法（平成15年厚生労働省告示第318号）により測定する。
	備考 一　検査項目（1）については、貯水槽がある場合には、その系統ごとに検査を行う。	
	（2）専用水道に該当しない井戸水等を水源とする飲料水の水質	
	ア．専用水道が実施すべき水質検査の項目	水質基準に関する省令の規定に基づき厚生労働大臣が定める方法により測定する。
	イ．遊離残留塩素	水道法施行規則第17条第2項の規定に基づき厚生労働大臣が定める遊離残留塩素及び結合残留塩素の検査方法により測定する。

	（3）専用水道(水道水を水源とする場合を除く。)及び専用水道に該当しない井戸水等を水源とする飲料水の原水の水質		
		ア．一般細菌	水質基準に関する省令の規定に基づき厚生労働大臣が定める方法により測定する。
		イ．大腸菌	
		ウ．塩化物イオン	
		エ．有機物（全有機炭素（TOC）の量）	
		オ．pH値	
		カ．味	
		キ．臭気	
		ク．色度	
		ケ．濁度	
	（4）雑用水の水質		
		ア．pH値	水質基準に関する省令の規定に基づき厚生労働大臣が定める方法により測定する。
		イ．臭気	
		ウ．外観	目視によって、色、濁り、泡立ち等の程度を調べる。
		エ．大腸菌	水質基準に関する省令の規定に基づき厚生労働大臣が定める方法により測定する。
		オ．遊離残留塩素	水道法施行規則第17条第2項の規定に基づき厚生労働大臣が定める遊離残留塩素及び結合残留塩素の検査方法により測定する。
施設・設備	（5）飲料水に関する施設・設備		
		ア．給水源の種類	給水施設の外観や貯水槽内部を点検するほか、設備の図面、貯水槽清掃作業報告書等の書類について調べる。
		イ．維持管理状況等	
		ウ．貯水槽の清潔状態	
	（6）雑用水に関する施設・設備		施設の外観や貯水槽等の内部を点検するほか、設備の図面等の書類について調べる。

第3 学校の清潔、ネズミ、衛生害虫等及び教室等の備品の管理に係る学校環境衛生基準

1 学校の清潔、ネズミ、衛生害虫等及び教室等の備品の管理に係る学校環境衛生基準は、次表の左欄に掲げる検査項目ごとに、同表の右欄のとおりとする。

	検査項目	基準
学校の清潔	（1）大掃除の実施	大掃除は、定期に行われていること。
	（2）雨水の排水溝等	屋上等の雨水排水溝に、泥や砂等が堆積していないこと。また、雨水配水管の末端は、砂や泥等により管径が縮小していないこと。
	（3）排水の施設・設備	汚水槽、雑排水槽等の施設・設備は、故障等がなく適切に機能していること。
ネズミ、衛生害虫等	（4）ネズミ、衛生害虫等	校舎、校地内にネズミ、衛生害虫等の生息が認められないこと。
教室等の備品の管理	（5）黒板面の色彩	（ア）無彩色の黒板面の色彩は、明度が3を超えないこと。 （イ）有彩色の黒板面の色彩は、明度及び彩度が4を超えないこと。

2 1の学校環境衛生基準の達成状況を調査するため、次表の左欄に掲げる検査項目ごとに、同表の右欄に掲げる方法又はこれと同等以上の方法により、検査項目（1）については、毎学年3回、検査項目（2）～（5）については、毎学年1回定期に検査を行うものとする。

	検査項目	方法
学校の清潔	（1）大掃除の実施	清掃方法及び結果を記録等により調べる。
	（2）雨水の排水溝等	雨水の排水溝等からの排水状況を調べる。
	（3）排水の施設・設備	汚水槽、雑排水槽等の施設・設備からの排水状況を調べる。
ネズミ、衛生害虫等	（4）ネズミ、衛生害虫等	ネズミ、衛生害虫等の生態に応じて、その生息、活動の有無及びその程度等を調べる。
教室等の備品の管理	（5）黒板面の色彩	明度、彩度の検査は、黒板検査用色票を用いて行う。

資料　学校環境衛生基準

第4　水泳プールに係る学校環境衛生基準

1　水泳プールに係る学校環境衛生基準は、次表の左欄に掲げる検査項目ごとに、同表の右欄のとおりとする。

検査項目		基準
水質	（1）遊離残留塩素	0.4mg/L 以上であること。また、1.0mg/L 以下であることが望ましい。
	（2）pH 値	5.8以上8.6以下であること。
	（3）大腸菌	検出されないこと。
	（4）一般細菌	1 mL 中200コロニー以下であること。
	（5）有機物等（過マンガン酸カリウム消費量）	12mg/L 以下であること。
	（6）濁度	2 度以下であること。
	（7）総トリハロメタン	0. 2mg/L 以下であることが望ましい。
	（8）循環ろ過装置の処理水	循環ろ過装置の出口における濁度は、0.5度以下であること。また、0.1度以下であることが望ましい。
施設・設備の衛生状態	（9）プール本体の衛生状況等	（ア）プール水は、定期的に全換水するとともに、清掃が行われていること。 （イ）水位調整槽又は還水槽を設ける場合は、点検及び清掃を定期的に行うこと。
	（10）浄化設備及びその管理状況	（ア）循環浄化式の場合は、ろ材の種類、ろ過装置の容量及びその運転時間が、プール容積及び利用者数に比して十分であり、その管理が確実に行われていること。 （イ）オゾン処理設備又は紫外線処理設備を設ける場合は、その管理が確実に行われていること。
	（11）消毒設備及びその管理状況	（ア）塩素剤の種類は、次亜塩素酸ナトリウム液、次亜塩素酸カルシウム又は塩素化イソシアヌル酸のいずれかであること。 （イ）塩素剤の注入が連続注入式である場合は、その管理が確実に行われていること。
	（12）屋内プール	
	ア．空気中の二酸化炭素	1500ppm 以下が望ましい。
	イ．空気中の塩素ガス	0.5ppm 以下が望ましい。
	ウ．水平面照度	200 lx 以上が望ましい。

備考
検査項目（9）については、浄化設備がない場合には、汚染を防止するため、1週間に1回以上換水し、換水時に清掃が行われていること。この場合、腰洗い槽を設置することが望ましい。
また、プール水等を排水する際には、事前に残留塩素を低濃度にし、その確認を行う等、適切な処理が行われていること。

2　1の学校環境衛生基準の達成状況を調査するため、次表の左欄に掲げる検査項目ごとに、同表の右欄に掲げる方法又はこれと同等以上の方法により、検査項目（1）～（6）については、使用日の積算が30日以内ごとに1回、検査項目（7）については、使用期間中の適切な時期に1回以上、検査項目（8）～（12）については、毎学年1回定期に検査を行うものとする。

検査項目		方法
水質	（1）遊離残留塩素	水道法施行規則第17条第2項の規定に基づき厚生労働大臣が定める遊離残留塩素及び結合残留塩素の検査方法により測定する。
	（2）pH 値	水質基準に関する省令の規定に基づき厚生労働大臣が定める方法により測定する。
	（3）大腸菌	
	（4）一般細菌	
	（5）有機物等（過マンガン酸カリウム消費量）	過マンガン酸カリウム消費量として、滴定法による。
	（6）濁度	水質基準に関する省令の規定に基づき厚生労働大臣が定める方法により測定する。
	（7）総トリハロメタン	
	（8）循環ろ過装置の処理水	

備考
検査項目（7）については、プール水を1週間に1回以上全換水する場合は、検査を省略することができる。

161

施設・設備の衛生状態	（9）プール本体の衛生状況等	プール本体の構造を点検するほか、水位調整槽又は還水槽の管理状況を調べる。
	（10）浄化設備及びその管理状況	プールの循環ろ過器等の浄化設備及びその管理状況を調べる。
	（11）消毒設備及びその管理状況	消毒設備及びその管理状況について調べる。
	（12）屋内プール	
	ア．空気中の二酸化炭素	検知管法により測定する。
	イ．空気中の塩素ガス	検知管法により測定する。
	ウ．水平面照度	日本産業規格 C1609 に規定する照度計の規格に適合する照度計を用いて測定する。

第5　日常における環境衛生基準に係る学校環境衛生基準

1　学校環境衛生の維持を図るため、第1から第4に掲げる検査項目の定期的な環境衛生検査等のほか、次表の左欄に掲げる検査項目について、同表の右欄の基準のとおり、毎授業日に点検を行うものとする。

	検査項目	基準
教室等の環境	（1）換気	（ア）外部から教室に入ったとき、不快な刺激や臭気がないこと。 （イ）換気が適切に行われていること。
	（2）温度	17℃以上、28℃以下であることが望ましい。
	（3）明るさとまぶしさ	（ア）黒板面や机上等の文字、図形等がよく見える明るさがあること。 （イ）黒板面、机上面及びその周辺に見え方を邪魔するまぶしさがないこと。 （ウ）黒板面に光るような箇所がないこと。
	（4）騒音	学習指導のための教師の声等が聞き取りにくいことがないこと。
飲料水等の水質及び施設・設備	（5）飲料水の水質	（ア）給水栓水については、遊離残留塩素が0.1mg/L 以上保持されていること。ただし、水源が病原生物によって著しく汚染されるおそれのある場合には、遊離残留塩素が0.2mg/L 以上保持されていること。 （イ）給水栓水については、外観、臭気、味等に異常がないこと。 （ウ）冷水器等飲料水を貯留する給水器具から供給されている水についても、給水栓水と同様に管理されていること。
	（6）雑用水の水質	（ア）給水栓水については、遊離残留塩素が0.1mg/L 以上保持されていること。ただし、水源が病原生物によって著しく汚染されるおそれのある場合には、遊離残留塩素が0.2mg/L 以上保持されていること。 （イ）給水栓水については、外観、臭気に異常がないこと。
	（7）飲料水等の施設・設備	（ア）水飲み、洗口、手洗い場及び足洗い場並びにその周辺は、排水の状況がよく、清潔であり、その設備は破損や故障がないこと。 （イ）配管、給水栓、給水ポンプ、貯水槽及び浄化設備等の給水施設・設備並びにその周辺は、清潔であること。
学校の清潔及びネズミ、衛生害虫等	（8）学校の清潔	（ア）教室、廊下等の施設及び机、いす、黒板等教室の備品等は、清潔であり、破損がないこと。 （イ）運動場、砂場等は、清潔であり、ごみや動物の排泄物等がないこと。 （ウ）便所の施設・設備は、清潔であり、破損や故障がないこと。 （エ）排水溝及びその周辺は、泥や砂が堆積しておらず、悪臭がないこと。 （オ）飼育動物の施設・設備は、清潔であり、破損がないこと。 （カ）ごみ集積場及びごみ容器等並びにその周辺は、清潔であること。
	（9）ネズミ、衛生害虫等	校舎、校地内にネズミ、衛生害虫等の生息が見られないこと。
水泳プールの管理	（10）プール水等	（ア）水中に危険物や異常なものがないこと。 （イ）遊離残留塩素は、プールの使用前及び使用中1時間ごとに1回以上測定し、その濃度は、どの部分でも0.4mg/L 以上保持されていること。また、遊離残留塩素は1.0mg/L 以下が望ましい。 （ウ）pH値は、プールの使用前に1回測定し、pH値が基準値程度に保たれていることを確認すること。 （エ）透明度に常に留意し、プール水は、水中で3m離れた位置からプールの壁面が明確に見える程度に保たれていること。
	（11）附属施設・設備等	プールの附属施設・設備、浄化設備及び消毒設備等は、清潔であり、破損や故障がないこと。

2　点検は、官能法によるもののほか、第1から第4に掲げる検査方法に準じた方法で行うものとする。

資料　学校環境衛生基準

第6　雑則

1　学校においては、次のような場合、必要があるときは、臨時に必要な検査を行うものとする。

（1）感染症又は食中毒の発生のおそれがあり、また、発生したとき。

（2）風水害等により環境が不潔になり又は汚染され、感染症の発生のおそれがあるとき。

（3）新築、改築、改修等及び机、いす、コンピュータ等新たな学校用備品の搬入等により揮発性有機化合物の発生のおそれがあるとき。

（4）その他必要なとき。

2　臨時に行う検査は、定期に行う検査に準じた方法で行うものとする。

3　定期及び臨時に行う検査の結果に関する記録は、検査の日から5年間保存するものとする。また、毎授業日に行う点検の結果は記録するよう努めるとともに、その記録を点検日から3年間保存するよう努めるものとする。

4　検査に必要な施設・設備等の図面等の書類は、必要に応じて閲覧できるように保存するものとする。

資料

学校給食衛生管理基準

文部科学省告示　第64号
平成21年3月31日

第1　総則

1　学校給食を実施する都道府県教育委員会及び市区町村教育委員会（以下「教育委員会」という。）、附属学校を設置する国立大学法人及び私立学校の設置者（以下「教育委員会等」という。）は、自らの責任において、必要に応じて、保健所の協力、助言及び援助（食品衛生法（昭和二十二年法律第二百三十三号）に定める食品衛生監視員による監視指導を含む。）を受けつつ、HACCP（コーデックス委員会（国連食糧農業機関／世界保健機関合同食品規格委員会）総会において採択された「危害分析・重要管理点方式とその適用に関するガイドライン」に規定されたHACCP（Hazard Analysis and Critical Control Point：危害分析・重要管理点）をいう。）の考え方に基づき単独調理場、共同調理場（調理等の委託を行う場合を含む。以下「学校給食調理場」という。）並びに共同調理場の受配校の施設及び設備、食品の取扱い、調理作業、衛生管理体制等について実態把握に努め、衛生管理上の問題がある場合には、学校医又は学校薬剤師の協力を得て速やかに改善措置を図ること。

第2　学校給食施設及び設備の整備及び管理に係る衛生管理基準

1　学校給食施設及び設備の整備及び管理に係る衛生管理基準は、次の各号に掲げる項目ごとに、次のとおりとする。

（1）学校給食施設

①共通事項

一　学校給食施設は、衛生的な場所に設置し、食数に適した広さとすること。また、随時施設の点検を行い、その実態の把握に努めるとともに、施設の新増築、改築、修理その他の必要な措置を講じること。

二　学校給食施設は、別添の「学校給食施設の区分」に従い区分することとし、調理場（学校給食調理員が調理又は休憩等を行う場所であって、別添中区分の欄に示す「調理場」をいう。以下同じ。）は、二次汚染防止の観点から、汚染作業区域、非汚染作業区域及びその他の区域（それぞれ別添中区分の欄に示す「汚染作業区域」、「非汚染作業区域」及び「その他の区域（事務室等を除く。）」をいう。以下同じ。）に部屋単位で区分すること。ただし、洗浄室は、使用状況に応じて汚染作業区域又は非汚染作業区域に区分することが適当であることから、別途区分すること。また、検収、保管、下処理、調理及び配膳の各作業区域並びに更衣休憩にあてる区域及び前室に区分するよう努めること。

三　ドライシステムを導入するよう努めること。また、ドライシステムを導入していない調理場においてもドライ運用を図ること。

四　作業区域（別添中区分の欄に示す「作業区域」をいう。以下同じ。）の外部に開放される箇所にはエアカーテンを備えるよう努めること。

五　学校給食施設は、設計段階において保健所及び学校薬剤師等の助言を受けるとともに、栄養教諭又は学校栄養職員（以下「栄養教諭等」という。）その他の関係者の意見を取り入れ整備すること。

②作業区域内の施設

一　食品を取り扱う場所（作業区域のうち洗浄室を除く部分をいう。以下同じ。）は、内部の温度及び湿度管理が適切に行える空調等を備えた構造とするよう努めること。

二　食品の保管室は、専用であること。また、衛生面に配慮した構造とし、食品の搬入及び搬出に当たって、調理室を経由しない構造及び配置とすること。

三　外部からの汚染を受けないような構造の検収室を設けること。

四　排水溝は、詰まり又は逆流がおきにくく、かつ排水が飛散しない構造及び配置とすること。

五　釜周りの排水が床面に流れない構造とすること。

六　配膳室は、外部からの異物の混入を防ぐため、廊下等と明確に区分すること。また、その出入口には、原則として施錠設備を設けること。

③その他の区域の施設

資料　学校給食衛生管理基準

一　廃棄物（調理場内で生じた廃棄物及び返却された残菜をいう。以下同じ。）の保管場所は、調理場外の適切な場所に設けること。

二　学校給食従事者専用の便所は、食品を取り扱う場所及び洗浄室から直接出入りできない構造とすること。また、食品を取り扱う場所及び洗浄室から3m以上離れた場所に設けるよう努めること。さらに、便所の個室の前に調理衣を着脱できる場所を設けるよう努めること。

（2）学校給食設備

①共通事項

一　機械及び機器については、可動式にするなど、調理過程に合った作業動線となるよう配慮した配置であること。

二　全ての移動性の器具及び容器は、衛生的に保管するため、外部から汚染されない構造の保管設備を設けること。

三　給水給湯設備は、必要な数を使用に便利な位置に設置し、給水栓は、直接手指を触れることのないよう、肘等で操作できるレバー式等であること。

四　共同調理場においては、調理した食品を調理後2時間以内に給食できるようにするための配送車を必要台数確保すること。

②調理用の機械、機器、器具及び容器

一　食肉類、魚介類、卵、野菜類、果実類等食品の種類ごとに、それぞれ専用に調理用の器具及び容器を備えること。また、それぞれの調理用の器具及び容器は、下処理用、調理用、加熱調理済食品用等調理の過程ごとに区別すること。

二　調理用の機械、機器、器具及び容器は、洗浄及び消毒ができる材質、構造であり、衛生的に保管できるものであること。また、食数に適した大きさと数量を備えること。

三　献立及び調理内容に応じて、調理作業の合理化により衛生管理を充実するため、焼き物機、揚げ物機、真空冷却機、中心温度管理機能付き調理機等の調理用の機械及び機器を備えるよう努めること。

③シンク

一　シンクは、食数に応じてゆとりのある大きさ、深さであること。また、下処理室における加熱調理用食品、非加熱調理用食品及び器具の洗浄に用いるシンクは別々に設置するとともに、三槽式構造とすること。さらに、調理室においては、食品用及び器具等の洗浄用のシンクを共用しないこと。あわせて、その他の用途用のシンクについても相互汚染しないよう努めること。

④冷蔵及び冷凍設備

一　冷蔵及び冷凍設備は、食数に応じた広さがあるものを原材料用及び調理用等に整備し、共用を避けること。

⑤温度計及び湿度計

一　調理場内の適切な温度及び湿度の管理のために、適切な場所に正確な温度計及び湿度計を備えること。また、冷蔵庫・冷凍庫の内部及び食器消毒庫その他のために、適切な場所に正確な温度計を備えること。

⑥廃棄物容器等

一　ふた付きの廃棄物専用の容器を廃棄物の保管場所に備えること。

二　調理場には、ふた付きの残菜入れを備えること。

⑦学校給食従事者専用手洗い設備等

一　学校給食従事者の専用手洗い設備は、前室、便所の個室に設置するとともに、作業区分ごとに使用しやすい位置に設置すること。

二　肘まで洗える大きさの洗面台を設置するとともに、給水栓は、直接手指を触れることのないよう、肘等で操作できるレバー式、足踏み式又は自動式等の温水に対応した方式であること。

三　学校食堂等に、児童生徒等の手洗い設備を設けること。

（3）学校給食施設及び設備の衛生管理

一　学校給食施設及び設備は、清潔で衛生的であること。

二　冷蔵庫、冷凍庫及び食品の保管室は、整理整頓すること。また、調理室には、調理作業に不必要な物品等を置かないこと。

三　調理場は、換気を行い、温度は25℃以下、湿度は80％以下に保つよう努めること。また、調理室及び食品の保管室の温度及び湿度並びに冷蔵庫及び冷凍庫内部の温度を適切に保ち、これらの温度及び湿度は毎日記録すること。

四　調理場内の温度計及び湿度計は、定期的に検査を行うこと。

五　調理場の給水、排水、採光、換気等の状態を適正に保つこと。また、夏期の直射日光を避ける設備を整備すること。

六　学校給食施設及び設備は、ねずみ及びはえ、ごきぶり等衛生害虫の侵入及び発生を防止するため、侵入防止措置を講じること。また、ねずみ及び衛生害虫の発生状況を１ヶ月に１回以上点検し、発生を確認したときには、その都度駆除をすることとし、必要な場合には、補修、整理整頓、清掃、清拭、消毒等を行い、その結果を記録すること。なお、殺そ剤又は殺虫剤を使用する場合は、食品を汚染しないようその取扱いに十分注意すること。さらに、学校給食従事者専用の便所については、特に衛生害虫に注意すること。

七　学校給食従事者専用の便所には、専用の履物を備えること。また、定期的に清掃及び消毒を行うこと。

八　学校給食従事者専用の手洗い設備は、衛生的に管理するとともに、石けん液、消毒用アルコール及びペーパータオル等衛生器具を常備すること。また、布タオルの使用は避けること。さらに、前室の手洗い設備には個人用爪ブラシを常備すること。

九　食器具、容器及び調理用の器具は、使用後、でん粉及び脂肪等が残留しないよう、確実に洗浄するとともに、損傷がないように確認し、熱風保管庫等により適切に保管すること。また、フードカッター、野菜切り機等調理用の機械及び機器は、使用後に分解して洗浄及び消毒した後、乾燥させること。さらに、下処理室及び調理室内における機械、容器等の使用後の洗浄及び消毒は、全ての食品が下処理室及び調理室から搬出された後に行うよう努めること。

十　天井の水滴を防ぐとともに、かびの発生の防止に努めること。

十一　床は破損箇所がないよう管理すること。

十二　清掃用具は、整理整頓し、所定の場所に保管すること。また、汚染作業区域と非汚染作業区域の共用を避けること。

2　学校薬剤師等の協力を得て（1）の各号に掲げる事項について、毎学年１回定期に、（2）及び（3）の各号に掲げる事項については、毎学年３回定期に、検査を行い、その実施記録を保管すること。

第3　調理の過程等における衛生管理に係る衛生管理基準

1　調理の過程等における衛生管理に係る衛生管理基準は、次の各号に掲げる項目ごとに、次のとおりとする。

（1）献立作成

一　献立作成は、学校給食施設及び設備並びに人員等の能力に応じたものとするとともに、衛生的な作業工程及び作業動線となるよう配慮すること。

二　高温多湿の時期は、なまもの、和えもの等については、細菌の増殖等が起こらないように配慮すること。

三　保健所等から情報を収集し、地域における感染症、食中毒の発生状況に配慮すること。

四　献立作成委員会を設ける等により、栄養教諭等、保護者その他の関係者の意見を尊重すること。

五　統一献立（複数の学校で共通して使用する献立をいう。）を作成するに当たっては、食品の品質管理又は確実な検収を行う上で支障を来すことがないよう、一定の地域別又は学校種別等の単位に分けること等により適正な規模での作成に努めること。

（2）学校給食用食品の購入

①共通事項

一　学校給食用食品（以下「食品」という。）の購入に当たっては、食品選定のための委員会等を設ける等により、栄養教諭等、保護者その他の関係者の意見を尊重すること。また、必要に応じて衛生管理に関する専門家の助言及び協力を受けられるような仕組みを整えること。

二　食品の製造を委託する場合には、衛生上信用のおける製造業者を選定すること。また、製造業者の有する設備、人員等から見た能力に応じた委託とすることとし、委託者において、随時点検を行い、記録を残し、事故発生の防止に努めること。

②食品納入業者

一 保健所等の協力を得て、施設の衛生面及び食品の取扱いが良好で衛生上信用のおける食品納入業者を選定すること。

二 食品納入業者又は納入業者の団体等との間に連絡会を設け、学校給食の意義、役割及び衛生管理の在り方について定期的な意見交換を行う等により、食品納入業者の衛生管理の啓発に努めること。

三 売買契約に当たって、衛生管理に関する事項を取り決める等により、業者の検便、衛生環境の整備等について、食品納入業者に自主的な取組を促すこと。

四 必要に応じて、食品納入業者の衛生管理の状況を確認すること。

五 原材料及び加工食品について、製造業者若しくは食品納入業者等が定期的に実施する微生物及び理化学検査の結果、又は生産履歴等を提出させること。また、検査等の結果については、保健所等への相談等により、原材料として不適と判断した場合には、食品納入業者の変更等適切な措置を講じること。さらに、検査結果を保管すること。

③食品の選定

一 食品は、過度に加工したものは避け、鮮度の良い衛生的なものを選定するよう配慮すること。また、有害なもの又はその疑いのあるものは避けること。

二 有害若しくは不必要な着色料、保存料、漂白剤、発色剤その他の食品添加物が添加された食品、又は内容表示、消費期限及び賞味期限並びに製造業者、販売業者等の名称及び所在地、使用原材料及び保存方法が明らかでない食品については使用しないこと。
また、可能な限り、使用原材料の原産国についての記述がある食品を選定すること。

三 保健所等から情報提供を受け、地域における感染症、食中毒の発生状況に応じて、食品の購入を考慮すること。

（3）食品の検収・保管等

一 検収は、あらかじめ定めた検収責任者が、食品の納入に立会し、品名、数量、納品時間、納入業者名、製造業者名及び所在地、生産地、品質、鮮度、箱、袋の汚れ、破れその他の包装容器等の状況、異物混入及び異臭の有無、消費期限又は賞味期限、製造年月日、品温（納入業者が運搬の際、適切な温度管理を行っていたかどうかを含む。）、年月日表示、ロット（一の製造期間内に一連の製造工程により均質性を有するように製造された製品の一群をいう。以下同じ。）番号その他のロットに関する情報について、毎日、点検を行い、記録すること。また、納入業者から直接納入する食品の検収は、共同調理場及び受配校において適切に分担し実施するとともに、その結果を記録すること。

二 検収のために必要な場合には、検収責任者の勤務時間を納入時間に合わせて割り振ること。

三 食肉類、魚介類等生鮮食品は、原則として、当日搬入するとともに、一回で使い切る量を購入すること。また、当日搬入できない場合には、冷蔵庫等で適切に温度管理するなど衛生管理に留意すること。

四 納入業者から食品を納入させるに当たっては、検収室において食品の受け渡しを行い、下処理室及び調理室に立ち入らせないこと。

五 食品は、検収室において、専用の容器に移し替え、下処理室及び食品の保管室にダンボール等を持ち込まないこと。また、検収室内に食品が直接床面に接触しないよう床面から60ｃm以上の高さの置台を設けること。

六 食品を保管する必要がある場合には、食肉類、魚介類、野菜類等食品の分類ごとに区分して専用の容器で保管する等により、原材料の相互汚染を防ぎ、衛生的な管理を行うこと。また、別紙「学校給食用食品の原材料、製品等の保存基準」に従い、棚又は冷蔵冷凍設備に保管すること。

七 牛乳については、専用の保冷庫等により適切な温度管理を行い、新鮮かつ良好なものが飲用に供されるよう品質の保持に努めること。

八 泥つきの根菜類等の処理は、検収室で行い、下処理室を清潔に保つこと。

（4）調理過程

①共通事項

一 給食の食品は、原則として、前日調理を行わず、全てその日に学校給食調理場で調理し、生で食用する野菜類、果実類等を除き、加熱処理したものを給食すること。また、加熱処理する食品については、中心部温度

計を用いるなどにより、中心部が75℃で1分間以上（二枚貝等ノロウイルス汚染のおそれのある食品の場合は85℃で1分間以上）又はこれと同等以上の温度まで加熱されていることを確認し、その温度と時間を記録すること。さらに、中心温度計については、定期的に検査を行い、正確な機器を使用すること。

二　野菜類の使用については、二次汚染防止の観点から、原則として加熱調理すること。また、教育委員会等において、生野菜の使用に当たっては、食中毒の発生状況、施設及び設備の状況、調理過程における二次汚染防止のための措置、学校給食調理員の研修の実施、管理運営体制の整備等の衛生管理体制の実態、並びに生野菜の食生活に果たす役割等を踏まえ、安全性を確認しつつ、加熱調理の有無を判断すること。さらに、生野菜の使用に当たっては、流水で十分洗浄し、必要に応じて、消毒するとともに、消毒剤が完全に洗い落とされるまで流水で水洗いすること。

三　和えもの、サラダ等の料理の混ぜ合わせ、料理の配食及び盛りつけに際しては、清潔な場所で、清潔な器具を使用し、料理に直接手を触れないよう調理すること。

四　和えもの、サラダ等については、各食品を調理後速やかに冷却機等で冷却を行った上で、冷却後の二次汚染に注意し、冷蔵庫等で保管するなど適切な温度管理を行うこと。また、やむを得ず水で冷却する場合は、直前に使用水の遊離残留塩素が0.1mg/L以上であることを確認し、確認した数値及び時間を記録すること。さらに、和える時間を配食の直前にするなど給食までの時間の短縮を図り、調理終了時に温度及び時間を記録すること。

五　マヨネーズは、つくらないこと。

六　缶詰は、缶の状態、内壁塗装の状態等を注意すること。

②使用水の安全確保

一　使用水は、学校環境衛生基準（平成二十一年文部科学省告示第六十号）に定める基準を満たす飲料水を使用すること。また、毎日、調理開始前に十分流水した後及び調理終了後に遊離残留塩素が0.1mg/L以上であること並びに外観、臭気、味等について水質検査を実施し、その結果を記録すること。

二　使用水について使用に不適な場合は、給食を中止し速やかに改善措置を講じること。また、再検査の結果使用した場合は、使用した水1Lを保存食用の冷凍庫に−20℃以下で2週間以上保存すること。

三　貯水槽を設けている場合は、専門の業者に委託する等により、年1回以上清掃すること。また、清掃した証明書等の記録は1年間保管すること。

③二次汚染の防止

一　献立ごとに調理作業の手順、時間及び担当者を示した調理作業工程表並びに食品の動線を示した作業動線図を作成すること。また、調理作業工程表及び作業動線図を作業前に確認し、作業に当たること。

二　調理場における食品及び調理用の器具及び容器は、床面から60cm以上の高さの置台の上に置くこと。

三　食肉、魚介類及び卵は、専用の容器、調理用の機器及び器具を使用し、他の食品への二次汚染を防止すること。

四　調理作業中の食品並びに調理用の機械、機器、器具及び容器の汚染の防止の徹底を図ること。また、包丁及びまな板類については食品別及び処理別の使い分けの徹底を図ること。

五　下処理後の加熱を行わない食品及び加熱調理後冷却する必要のある食品の保管には、原材料用冷蔵庫は使用しないこと。

六　加熱調理した食品を一時保存する場合又は調理終了後の食品については、衛生的な容器にふたをして保存するなど、衛生的な取扱いを行い、他からの二次汚染を防止すること。

七　調理終了後の食品は、素手でさわらないこと。

八　調理作業時には、ふきんは使用しないこと。

九　エプロン、履物等は、色分けする等により明確に作業区分ごとに使い分けること。また、保管の際は、作業区分ごとに洗浄及び消毒し、翌日までに乾燥させ、区分して保管するなど、衛生管理に配慮すること。

④食品の適切な温度管理等

一　調理作業時においては、調理室内の温度及び湿度を確認し、その記録を行うこと。また、換気を行うこと。

二　原材料の適切な温度管理を行い、鮮度を保つこと。また、冷蔵保管及び冷凍保管する必要のある食品は常温放置しないこと。

資料　学校給食衛生管理基準

資料

三　加熱調理後冷却する必要のある食品については、冷却機等を用いて温度を下げ、調理用冷蔵庫で保管し、食中毒菌等の発育至適温度帯の時間を可能な限り短くすること。また、加熱終了時、冷却開始時及び冷却終了時の温度及び時間を記録すること。

四　配送及び配食に当たっては、必要に応じて保温食缶及び保冷食缶若しくは蓄冷材等を使用し、温度管理を行うこと。

五　調理後の食品は、適切な温度管理を行い、調理後２時間以内に給食できるよう努めること。また、配食の時間を毎日記録すること。さらに、共同調理場においては、調理場搬出時及び受配校搬入時の時間を毎日記録するとともに、温度を定期的に記録すること。

六　加熱調理食品にトッピングする非加熱調理食品は、衛生的に保管し、トッピングする時期は給食までの時間が極力短くなるようにすること。

⑤廃棄物処理

一　廃棄物は、分別し、衛生的に処理すること。

二　廃棄物は、汚臭、汚液がもれないように管理すること。また、廃棄物のための容器は、作業終了後速やかに清掃し、衛生上支障がないように保持すること。

三　返却された残菜は、非汚染作業区域に持ち込まないこと。

四　廃棄物は、作業区域内に放置しないこと。

五　廃棄物の保管場所は、廃棄物の搬出後清掃するなど、環境に悪影響を及ぼさないよう管理すること。

（5）配送及び配食

①配送

一　共同調理場においては、容器、運搬車の設備の整備に努め、運搬途中の塵埃等による調理済食品等の汚染を防止すること。また、調理済食品等が給食されるまでの温度の管理及び時間の短縮に努めること。

②配食等

一　配膳室の衛生管理に努めること。

二　食品を運搬する場合は、容器にふたをすること。

三　パンの容器、牛乳等の瓶その他の容器等の汚染に注意すること。

四　はし等を児童生徒の家庭から持参させる場合は、不衛生にならないよう指導すること。

五　給食当番等配食を行う児童生徒及び教職員については、毎日、下痢、発熱、腹痛等の有無その他の健康状態及び衛生的な服装であることを確認すること。また、配食前、用便後の手洗いを励行させ、清潔な手指で食器及び食品を扱うようにすること。

六　教職員は、児童生徒の嘔吐物のため汚れた食器具の消毒を行うなど衛生的に処理し、調理室に返却するに当たっては、その旨を明示し、その食器具を返却すること。また、嘔吐物は、調理室には返却しないこと。

（6）検食及び保存食等

①検食

一　検食は、学校給食調理場及び共同調理場の受配校において、あらかじめ責任者を定めて児童生徒の摂食開始時間の30分前までに行うこと。また、異常があった場合には、給食を中止するとともに、共同調理場の受配校においては、速やかに共同調理場に連絡すること。

二　検食に当たっては、食品の中に人体に有害と思われる異物の混入がないか、調理過程において加熱及び冷却処理が適切に行われているか、食品の異味、異臭その他の異常がないか、一食分としてそれぞれの食品の量が適当か、味付け、香り、色彩並びに形態等が適切か、及び、児童生徒の嗜好との関連はどのように配慮されているか確認すること。

三　検食を行った時間、検食者の意見等検食の結果を記録すること。

②保存食

一　保存食は、毎日、原材料、加工食品及び調理済食品を食品ごとに50ｇ程度ずつビニール袋等清潔な容器に密封して入れ、専用冷凍庫に－20℃以下で２週間以上保存すること。また、納入された食品の製造年月日若しくはロットが違う場合又は複数の釜で調理した場合は、それぞれ保存すること。

二　原材料は、洗浄、消毒等を行わず、購入した状態で保存すること。ただし、卵については、全て割卵し、混

169

　　　　合したものから50ｇ程度採取し保存すること。

　　三　保存食については、原材料、加工食品及び調理済食品が全て保管されているか並びに廃棄した日時を記録すること。

　　四　共同調理場の受配校に直接搬入される食品についても共同調理場で保存すること。また、複数の業者から搬入される食品については、各業者ごとに保存すること。

　　五　児童生徒の栄養指導及び盛りつけの目安とする展示食を保存食と兼用しないこと。

　　③残食及び残品

　　一　パン等残食の児童生徒の持ち帰りは、衛生上の見地から、禁止することが望ましい。

　　二　パン、牛乳、おかず等の残品は、全てその日のうちに処分し、翌日に繰り越して使用しないこと。

　2　学校薬剤師等の協力を得て1の各号に掲げる事項について、毎学年1回（（3）、（4）②及び（6）①、②にあっては毎学年3回）、定期に検査を行い、その実施記録を保管すること。

第4　衛生管理体制に係る衛生管理基準

1　衛生管理体制に係る衛生管理基準は、次の各号に掲げる項目ごとに、次のとおりとする。

（1）衛生管理体制

　　一　学校給食調理場においては、栄養教諭等を衛生管理責任者として定めること。ただし、栄養教諭等が現にいない場合は、調理師資格を有する学校給食調理員等を衛生管理責任者として定めること。

　　二　衛生管理責任者は、施設及び設備の衛生、食品の衛生及び学校給食調理員の衛生の日常管理等に当たること。また、調理過程における下処理、調理、配送等の作業工程を分析し、各工程において清潔かつ迅速に加熱及び冷却調理が適切に行われているかを確認し、その結果を記録すること。

　　三　校長又は共同調理場の長（以下「校長等」という。）は、学校給食の衛生管理について注意を払い、学校給食関係者に対し、衛生管理の徹底を図るよう注意を促し、学校給食の安全な実施に配慮すること。

　　四　校長等は、学校保健委員会等を活用するなどにより、栄養教諭等、保健主事、養護教諭等の教職員、学校医、学校歯科医、学校薬剤師、保健所長等の専門家及び保護者が連携した学校給食の衛生管理を徹底するための体制を整備し、その適切な運用を図ること。

　　五　校長等は、食品の検収等の日常点検の結果、異常の発生が認められる場合、食品の返品、献立の一部又は全部の削除、調理済食品の回収等必要な措置を講じること。

　　六　校長等は、施設及び設備等の日常点検の結果、改善が必要と認められる場合、必要な応急措置を講じること。また、改善に時間を要する場合、計画的な改善を行うこと。

　　七　校長等は、栄養教諭等の指導及び助言が円滑に実施されるよう、関係職員の意思疎通等に配慮すること。

　　八　教育委員会等は、栄養教諭等の衛生管理に関する専門性の向上を図るため、新規採用時及び経験年数に応じた研修その他の研修の機会が確保されるよう努めること。

　　九　教育委員会等は、学校給食調理員を対象とした研修の機会が確保されるよう努めること。また、非常勤職員等も含め可能な限り全員が等しく研修を受講できるよう配慮すること。

　　十　教育委員会等は、設置する学校について、計画を立て、登録検査機関（食品衛生法（昭和二十二年法律第二百三十三号）第四条第九項に規定する「登録検査機関」をいう。）等に委託するなどにより、定期的に原材料及び加工食品について、微生物検査、理化学検査を行うこと。

　　十一　調理に直接関係のない者を調理室に入れないこと。調理及び点検に従事しない者が、やむを得ず、調理室内に立ち入る場合には、食品及び器具等には触らせず、（3）三に規定する学校給食従事者の健康状態等を点検し、その状態を記録すること。また、専用の清潔な調理衣、マスク、帽子及び履物を着用させること。さらに、調理作業後の調理室等は施錠するなど適切な管理を行うこと。

（2）学校給食従事者の衛生管理

　　一　学校給食従事者は、身体、衣服を清潔に保つこと。

　　二　調理及び配食に当たっては、せき、くしゃみ、髪の毛等が食器、食品等につかないよう専用で清潔な調理衣、エプロン、マスク、帽子、履物等を着用すること。

　　三　作業区域用の調理衣等及び履物を着用したまま便所に入らないこと。

資料　学校給食衛生管理基準

四　作業開始前、用便後、汚染作業区域から非汚染作業区域に移動する前、食品に直接触れる作業の開始直前及び生の食肉類、魚介類、卵、調理前の野菜類等に触れ、他の食品及び器具等に触れる前に、手指の洗浄及び消毒を行うこと。

（3）学校給食従事者の健康管理

一　学校給食従事者については、日常的な健康状態の点検を行うとともに、年1回健康診断を行うこと。また、当該健康診断を含め年3回定期に健康状態を把握することが望ましい。

二　検便は、赤痢菌、サルモネラ属菌、腸管出血性大腸菌血清型O157その他必要な細菌等について、毎月2回以上実施すること。

三　学校給食従事者の下痢、発熱、腹痛、嘔吐、化膿性疾患及び手指等の外傷等の有無等健康状態を、毎日、個人ごとに把握するとともに、本人若しくは同居人に、感染症予防及び感染症の患者に対する医療に関する法律（平成十年法律百十四号。以下「感染症予防法」という。）に規定する感染症又はその疑いがあるかどうか毎日点検し、これらを記録すること。また、下痢、発熱、腹痛、嘔吐をしており、感染症予防法に規定する感染症又はその疑いがある場合には、医療機関に受診させ感染性疾患の有無を確認し、その指示を励行させること。さらに、化膿性疾患が手指にある場合には、調理作業への従事を禁止すること。

四　ノロウイルスを原因とする感染性疾患による症状と診断された学校給食従事者は、高感度の検便検査においてノロウイルスを保有していないことが確認されるまでの間、食品に直接触れる調理作業を控えさせるなど適切な処置をとること。また、ノロウイルスにより発症した学校給食従事者と一緒に食事を喫食する、又は、ノロウイルスによる発症者が家族にいるなど、同一の感染機会があった可能性がある調理従事者について速やかに高感度の検便検査を実施し、検査の結果ノロウイルスを保有していないことが確認されるまでの間、調理に直接従事することを控えさせる等の手段を講じるよう努めること。

（4）食中毒の集団発生の際の措置

一　教育委員会等、学校医、保健所等に連絡するとともに、患者の措置に万全を期すこと。また、二次感染の防止に努めること。

二　学校医及び保健所等と相談の上、医療機関を受診させるとともに、給食の停止、当該児童生徒の出席停止及び必要に応じて臨時休業、消毒その他の事後措置の計画を立て、これに基づいて食中毒の拡大防止の措置を講じること。

三　校長の指導のもと養護教諭等が児童生徒の症状の把握に努める等関係職員の役割を明確にし、校内組織等に基づいて学校内外の取組体制を整備すること。

四　保護者に対しては、できるだけ速やかに患者の集団発生の状況を周知させ、協力を求めること。その際、プライバシー等人権の侵害がないよう配慮すること。

五　食中毒の発生原因については、保健所等に協力し、速やかに明らかとなるように努め、その原因の除去、予防に努めること。

2　1の（1）に掲げる事項については、毎学年1回、（2）及び（3）に掲げる事項については、毎学年3回定期に検査を行い、その実施記録を保管すること。

第5　日常及び臨時の衛生検査

1　学校給食衛生管理の維持改善を図るため、次に掲げる項目について、毎日点検を行うものとする。

（1）　学校給食の施設及び設備は、清潔で衛生的であること。また、調理室及び食品の保管室の温度及び湿度、冷蔵庫及び冷凍庫内部の温度を適切に保ち、これらの温度及び湿度が記録されていること。

（2）　食器具、容器及び調理用具は、使用後、でん粉及び脂肪等が残留しないよう、確実に洗浄するとともに、損傷がないように確認し、熱風保管庫等により適切に保管されていること。また、フードカッター、ミキサー等調理用の機械及び機器は、使用後に分解して洗浄及び消毒した後、乾燥されていること。

（3）　使用水に関しては、調理開始前に十分流水した後及び調理終了後に遊離残留塩素が0.1mg/L以上であること並びに外観、臭気、味等について水質検査が実施され、記録されていること。

（4）　調理室には、調理作業に不必要な物品等を置いていないこと。

（5）　食品については、品質、鮮度、箱、袋の汚れ、破れその他の包装容器等の状況、異物混入及び異臭の有無、消

費期限、賞味期限の異常の有無等を点検するための検収が適切に行われていること。また、それらが記録されていること。

(6) 食品等は、清潔な場所に食品の分類ごとに区分され衛生的な状態で保管されていること。

(7) 下処理、調理、配食は、作業区分ごとに衛生的に行われていること。

(8) 生食する野菜類及び果実類等は流水で十分洗浄されていること。また、必要に応じて消毒されていること。

(9) 加熱、冷却が適切に行われていること。また、加熱すべき食品は加熱されていること。さらに、その温度と時間が記録されていること。

(10) 調理に伴う廃棄物は、分別し、衛生的に処理されていること。

(11) 給食当番等配食を行う児童生徒及び教職員の健康状態は良好であり、服装は衛生的であること。

(12) 調理終了後やかに給食されるよう配送及び配食され、その時刻が記録されていること。さらに、給食前に責任者を定めて検食が行われていること。

(13) 保存食は、適切な方法で、2週間以上保存され、かつ記録されていること。

(14) 学校給食従事者の服装及び身体が清潔であること。また、作業開始前、用便後、汚染作業区域から非汚染作業区域に移動する前、食品に直接触れる作業の開始直前及び生の食肉類、魚介類、卵、調理前の野菜類等に触れ、他の食品及び器具等に触れる前に、手指の洗浄及び消毒が行われていること。

(15) 学校給食従事者の下痢、発熱、腹痛、嘔吐、化膿性疾患及び手指等の外傷等の有無等健康状態を、毎日、個人ごとに把握するとともに、本人若しくは同居人に感染症予防法に規定する感染症又は、その疑いがあるかどうか毎日点検し、これらが記録されていること。また、下痢、発熱、腹痛、嘔吐をしており、感染症予防法に規定する感染症又はその疑いがある場合には、医療機関に受診させ感染性疾患の有無を確認し、その指示が励行されていること。さらに、化膿性疾患が手指にある場合には、調理作業への従事が禁止されていること。

2 学校給食衛生管理の維持改善を図るため、次のような場合、必要があるときは臨時衛生検査を行うものとする。
　①感染症・食中毒の発生のおそれがあり、また、発生したとき。
　②風水害等により環境が不潔になり、又は汚染され、感染症の発生のおそれがあるとき。
　③その他必要なとき。
　また、臨時衛生検査は、その目的に即して必要な検査項目を設定し、その検査項目の実施に当たっては、定期的に行う衛生検査に準じて行うこと。

第6　雑則

1 本基準に基づく記録は、1年間保存すること。

2 クックチル方式により学校給食を提供する場合には、教育委員会等の責任において、クックチル専用の施設設備の整備、二次汚染防止のための措置、学校給食従事者の研修の実施、衛生管理体制の整備等衛生管理のための必要な措置を講じたうえで実施すること。

第1票　　　　　　　　学校給食施設等定期検査票

検査年月日　　　　年　　月　　日（　）
学校（調理場）名
給食従事者：栄養教諭等　　　名、調理員　　　名
定期検査票作成者（職・氏名）
給食対象人員　　　　　　　人
給食調理室　　　面積　　　m²

校長印

建物の位置・使用区分	1 位置	ア	便所、ごみ集積場等からの位置は適切であるか。	A・B・C
		イ	校庭、道路等からほこりをかぶるおそれはないか。	A・B・C
	2 広さ		食数に適した十分な広さか。	A・B・C
	3 使用区分		検収、保管、下処理、調理、配膳、洗浄等は、適切に区分されているか。	A・B・C
	□調理場内は、別添「学校給食施設の区分」により汚染作業区域、非汚染作業区域、その他に部屋単位で区分し、作業動線が明確となっている。 □食品の保管室は専用であり、食品の搬入に当たって、調理室を経由しない構造・配置である。 □検収室は、外部からの汚染を受けないような構造である。 □配膳室は、廊下と明確に区分されている。また、施錠設備がある。			
建物の構造	4 床（ドライシステム）		床をぬらさないで使用しているか。	A・B・C
	5 排水溝	ア	位置、大きさは適当で、水はけは良好か。	
		イ	詰まりや逆流がなく、日常的に洗浄が行える構造となっているか。	A・B・C
		ウ	釜まわりの排水が床面に流れることはないか。	A・B・C
	6 便所	ア	給食従事者の専用便所はあるか。	
		イ	食品を取り扱う場所から直接出入りできないなど位置、構造はよいか。	A・B・C
建物の周囲の状況	7 排水	ア	周囲の排水はよいか。	A・B・C
		イ	給食施設内に外部の水は流入するおそれはないか。	A・B・C
	8 清潔		周囲は清掃しやすいか。	A・B・C
	9 廃棄物処理		調理場外に保管場所はあるか。	A・B・C
日常点検	10 日常点検		日常点検は確実に行われており、記録は保存されているか。	A・B・C

評価の基準　A：良好なもの、B：普通、C：不良、改造、修理を要するもの　特に指導した事項
直ちに改造、修理を要する事項
その他気が付いた点で、措置を必要とする事項

第2票　　　　　学校給食設備等の衛生管理定期検査票

検査年月日　　　　　年　　月　　日（　）
学校（調理場）名
給食従事者：栄養教諭等　　　名、調理員　　　名
定期検査票作成者（職・氏名）
給食対象人員　　　　　　　人

校長印

調理室の整理整頓等	1	調理室には、調理作業に不必要な物品等を置いていないか。	A・B・C
	2	調理室の温度と湿度が適切に保たれ、毎日記録・保存されているか。	A・B・C
調理機器・器具とその保管状況	3	調理作業に合った動線となるよう機械・機器の配置は配慮されているか。	A・B・C
	4	移動性の器具・容器のために保管設備が設けられているか。	A・B・C
	5	食肉類、魚介類、野菜類等の調理のため、それぞれ専用の器具等を備えているか。また、下処理用、調理用等調理の過程ごとに区別されているか。	A・B・C
	6	釜、焼き物機、揚げもの機、球根皮むき機、野菜裁断機、冷却機や包丁等の調理機器・器具は、保守に容易な材質と構造で、常に清潔に保たれているか。また、食数に適した大きさと数量を備えているか。	A・B・C
	7	食器具、容器や調理用器具の洗浄は、適切な方法で行われ、洗浄後の食器から残留物が検出されていないか。	A・B・C
	8	食器具、容器や調理用器具の損傷は確認され、乾燥状態で保管されているか。	A・B・C
	9	分解できる調理機械・機器は使用後に分解し洗浄・消毒、乾燥されているか。	A・B・C
給水設備	10	給水給湯設備は、必要な数が便利な位置にあるか。	A・B・C
	11	給水栓は、肘等で操作できる構造となっているか。	A・B・C
共同調理場	12	共同調理場には、調理後2時間以内に給食できるよう配送車が必要台数確保されているか。	A・B・C
シンク	13	シンクは食数に応じて、ゆとりのある大きさ、深さであるか。	A・B・C
	14	下処理におけるシンクは、用途別に設置され、三槽式であるか。	A・B・C
	15	シンクは食品用と器具等の洗浄用を共用していないか。	A・B・C
	16	排水口は飛散しない構造か。	A・B・C
冷蔵庫・冷凍庫・食品の保管室	17	冷蔵庫や冷凍庫は、食数に応じた広さがあるか。また、原材料用と調理用が別に整備されているか。	A・B・C
	18	冷蔵庫の内部は常に清潔で整頓されており、庫内温度は適正に管理され、記録・保存されているか。	A・B・C
	19	冷凍庫の内部は常に清潔で整頓されており、庫内温度は適正に管理され、記録・保存されているか。	A・B・C
	20	食品の保管室の内部は常に清潔で整頓されており、温度、湿度は適正に管理され、記録・保存されているか。	A・B・C
温度計・湿度計	21	調理場内の温度管理のため、適切な場所に温度計・湿度計を備えているか。	A・B・C
	22	冷蔵庫、冷凍庫の内部、食器消毒庫に温度計を備えているか。	A・B・C
	23	温度計・湿度計は、正確か。	A・B・C
廃棄物容器等	24	ふた付きの廃棄物専用の容器が廃棄物保管場所に備えられているか。	A・B・C
	25	調理場にふた付きの残菜入れが備えられているか。	A・B・C
給食従事者の手洗い・消毒施設	26	位置（前室、便所の個室、作業区毎、食堂等）や構造は良いか。	A・B・C
	27	肘まで洗える広さと深さがあり、指を使わず給水できるか。	A・B・C
	28	給水栓は温水に対応した方式か。	A・B・C
	29	衛生的に管理され、石けん液、アルコールやペーパータオル等が常備されているか。また、布タオルの使用はなされていないか。さらに、前室には個人用爪ブラシが常備されているか。	A・B・C
便所	30	防そ、防虫の設備は良いか。	A・B・C
	31	専用の履物を備えているか。	A・B・C
	32	定期的に清掃、消毒は行われているか。	A・B・C
採光・照明・通気・照明	33	作業上適当な明るさはあるか。	A・B・C
	34	自然換気の場合、側窓、天窓等による通風は良好であり、虫が入らないか。	A・B・C
	35	人工換気の場合、換気扇の位置、数量、容量は適当で十分に換気されており、破損はないか。	A・B・C
	36	夏季には直接日光がささないか。	A・B・C
防そ・防虫	37	防そ、防虫の設備は設けられているか。破損はないか。	A・B・C
	38	月1回の点検や駆除を定期的に行い、その結果が記録・保存されているか。	A・B・C
天井・床	39	天井に水滴や黒かびの発生が見られないか。	A・B・C
	40	床に破損箇所はないか。	A・B・C
清掃用具	41	整理整頓され、保管の状況は良いか。	A・B・C
	42	汚染作業区域と非汚染作業区域の共用がされていないか。	A・B・C
日常点検	43	日常点検は確実に行われており、記録は保存されているか。	A・B・C

評価の基準　A：良好なもの、B：普通、C：改善を要するもの
特に指導した事項
直ちに改善を要する事項
その他気が付いた点で、措置を必要とする事項

資料　学校給食衛生管理基準

資
料

第3票　　　　学校給食用食品の検収・保管等定期検査票

検査年月日　　　　年　　月　　日（　）
学校（調理場）名
給食従事者：栄養教諭等　　　名、調理員　　　名
定期検査票作成者（職・氏名）
給食対象人員　　　　　　人

校長印

検収・保管等	1	検収に検収責任者が立ち会っているか。	A・B・C
	2	食品の情報を適切に点検し、記録・保存してるか。	A・B・C
	3	食肉類、魚介類等生鮮食品は、一回で使いきる量を購入しているか。	A・B・C
	4	納入業者を下処理室や調理室に立ち入らせていないか。	A・B・C
	5	食品は検収室で専用の容器に移し替え、衛生的に保管しているか。	A・B・C
	6	検収室では60cm以上の置台を使用しているか。	A・B・C
	7	「学校給食用食品の原材料、製品等の保存基準」に従い、保管されているか。	A・B・C
	8	牛乳は、専用の保冷庫等により温度管理が行われているか。	A・B・C
	9	泥付きの根菜類等の処理は、検収室で行っているか。	A・B・C
使用水	10	色、濁り、臭い、味に問題はないか。	A・B・C
	11	遊離残留塩素は0.1mg/L以上あるか。	A・B・C
	12	使用不適水があった場合には、保存食用の冷凍庫に保存がなされているか。	A・B・C
	13	貯水槽がある場合には、年1回以上清掃されているか。また、その記録が保存されているか。	A・B・C
検食・保存食	14	検食は責任者を定め、摂食開始30分前までに確実に行われており、検食を行った時間、検食結果が記録・保存されているか。	A・B・C
	15	保存食の採取は食品ごと（製造年月日、ロット等が異なる場合には、それぞれ）に確実に行われており、保存状態は良いか。また、廃棄日時が記録・保存されているか。	A・B・C
	16	共同調理場の受配校に直接搬入された食品は、業者毎（ロット等が異なる場合には、それぞれ）に共同調理場で保存されているか。	A・B・C
	17	展示食を保存食と兼用していないか。	A・B・C
日常点検	18	日常点検は確実に行われており、記録は保存されているか。	A・B・C

評価の基準　A：良好なもの、B：普通、C：改善を要するもの
特に指導した事項
直ちに改善を要する事項
その他気が付いた点で、措置を必要とする事項

第4票　　　　　　　　　調理過程の定期検査票

検査年月日　　　　　年　　月　　日（　）
学校（調理場）名
給食従事者：栄養教諭等　　　名、調理員　　　名
定期検査票作成者（職・氏名）
給食対象人員　　　　　　人

献立作成	1	献立は、施設・人員の能力に対応し、作業工程や作業動線に配慮したものであるか。	A・B・C
	2	高温多湿の時期は、なまもの、和えもの等について配慮したものか。	A・B・C
	3	地域の感染症、食中毒の発生状況に配慮したものか。	A・B・C
	4	献立作成委員会を設ける等により栄養教諭等、保護者その他の関係者の意見を尊重したものか。	A・B・C
食品の購入	5	食品選定委員会を設ける等により栄養教諭等、保護者その他の意見を尊重したものか。	A・B・C
	6	食品の製造を委託する業者は、衛生上信用のおける業者を選定しているか。	A・B・C
	7	衛生上信用のおける食品納入業者を選定しているか。	A・B・C
	8	食品納入業者の衛生管理の取組を促し、必要に応じて衛生管理状況を確認しているか。	A・B・C
	9	原材料、加工食品について、微生物検査や理化学検査の結果、生産履歴等を提出させているか。また、その記録は保存しているか。さらに、検査の結果、原材料として不適と判断した場合には適切な措置を講じているか。	A・B・C
食品の選定	10	食品は、鮮度の良い衛生的なものを選定しているか。	A・B・C
	11	有害な食品添加物を使用している食品や使用原材料が不明な食品等を使用していないか。	A・B・C
	12	地域の感染症、食中毒の発生状況を考慮しているか。	A・B・C
調理過程	13	前日調理を行っていないか。	A・B・C
	14	加熱処理を適切に行い、その温度と時間が記録・保存されているか。	A・B・C
	15	中心温度計は、正確か。	A・B・C
	16	生野菜の使用については、設置者が適切に判断しているか。また、使用の際は、流水で十分洗浄するなど衛生的な取扱いを行っているか。	A・B・C
	17	料理の混ぜ合わせ、配食、盛りつけは、清潔な場所で清潔な器具を使用し、直接手を触れないで調理しているか。	A・B・C
	18	和えもの、サラダ等は、調理後速やかに冷却するなど適切な温度管理を行っているか。また、水で冷却する場合は、遊離残留塩素が0.1mg/L以上であるかを確認し、その結果と時間が記録・保存されているか。	A・B・C
	19	和えもの、サラダ等は、調理終了時に温度と時間を確認し、その記録が保存されているか。	A・B・C
	20	マヨネーズは作成していないか。	A・B・C
	21	缶詰を使用する際には、缶の状態に注意しているか。	A・B・C
二次汚染の防止	22	調理作業工程表、作業動線図を作成するとともに、作業前に確認しているか。	A・B・C
	23	器具や容器は、60ｃｍ以上の置台の上に置いているか。	A・B・C
	24	食肉、魚介類や卵は、それぞれ専用の容器等を使用しているか。	A・B・C
	25	調理員に対して、包丁やまな板の食品や処理別の使い分け等の汚染防止の指導を行っているか。	A・B・C
	26	下処理後の加熱を行わない食品や加熱後冷却する必要のある食品の保管に、原材料用冷蔵庫を使用していないか。	A・B・C
	27	加熱調理後食品の一時保存はふたをするなど適切に行っているか。	A・B・C
	28	調理終了後の食品を素手でさわっていないか。	A・B・C
	29	調理作業中にふきんは使用していないか。	A・B・C
	30	エプロン、履物等は、作業区分毎に使い分けているか。また、保管や洗浄等も区分して実施しているか。	A・B・C
食品の温度管理	31	調理作業時の室内の温度、湿度を確認し、その記録が保存されているか。	A・B・C
	32	冷蔵保管・冷凍保管する必要のある食品が常温放置されていないか。	A・B・C
	33	加熱処理後冷却する必要のある食品は、適切な温度管理を行い、加熱終了時、冷却開始時、冷却終了時の温度と時間が、記録・保存されているか。	A・B・C
	34	配食や配送時の温度管理は適切に行われているか。	A・B・C
	35	調理後の食品は適切に温度管理されているか。また、配食の時間は記録・保存されているか。	A・B・C
	36	共同調理場においては、調理場搬出時、受配校搬入時の時間を毎日、温度を定期的に記録し、その記録が保存されているか。	A・B・C
	37	加熱食品にトッピングする非加熱調理食品は、衛生的に保管し、給食までの時間を可能な限り短縮しているか。	A・B・C
廃棄物処理	38	廃棄物は、分別し、衛生的に処理されているか。	A・B・C
	39	廃棄物は、汚臭、汚液がもれないよう管理されているか。また、廃棄物用の容器は、清掃されているか。	A・B・C
	40	返却された残菜は、非汚染作業区域に持ち込んでないか。	A・B・C
	41	廃棄物は、作業区域に放置されていないか。	A・B・C
	42	廃棄物の保管場所は、清掃されているか。	A・B・C
配送・配食	43	共同調理場においては、運搬途中の塵埃等による汚染を防止しているか。	A・B・C
	44	食品の運搬に当たっては、ふたをしているか。	A・B・C
	45	パンや牛乳の容器の汚染に注意しているか。	A・B・C
	46	給食当番等について、毎日、健康状態と服装を確認しているか。また、手洗いがされているか。	A・B・C
残品	47	残品は、翌日等に繰り越して使用していないか。	A・B・C
日常点検	48	日常点検は確実に行われており、記録は保存されているか。	A・B・C

評価の基準　A：良好なもの、B：普通、C：改善を要するもの
特に指導した事項
直ちに改善を要する事項
その他気が付いた点で、措置を必要とする事項

資料　学校給食衛生管理基準

第5票　　　学校給食従事者の衛生・健康状態定期検査票

検査年月日　　　　年　　月　　日（　）
学校（調理場）名
給食従事者：栄養教諭等　　　名、調理員　　　名
定期検査票作成者（職・氏名）
給食対象人員　　　　　　　人

校長印

衛生状態	1	調理員は、髪の毛等が食品等に付着しないよう衣服等を清潔に保っているか。	Ａ・Ｂ・Ｃ
	2	作業前、作業区分ごと、用便後等の手洗い・消毒は確実に行われているか。	Ａ・Ｂ・Ｃ
	3	調理衣や調理用履物を着用したまま便所に入っていないか。	Ａ・Ｂ・Ｃ
健康状態	4	定期的に健康診断が行われているか。	Ａ・Ｂ・Ｃ
	5	検便が毎月2回以上行われており、その結果等は保存されているか。	Ａ・Ｂ・Ｃ
	6	下痢、発熱等の健康状態を、毎日把握しているか。	Ａ・Ｂ・Ｃ
	7	感染症に罹患した疑いのある調理員等は、医療機関を受診させ、感染症疾患の有無を確認させているか。	Ａ・Ｂ・Ｃ
	8	化膿性疾患が手指にある場合には、調理作業への従事を禁止しているか。	Ａ・Ｂ・Ｃ
	9	ノロウイルスに罹患した調理員等に対して、食品に直接触れる作業をさせないなど適切な処理を行っているか。	Ａ・Ｂ・Ｃ
日常点検	10	日常点検は確実に行われており、記録は保存されているか。	Ａ・Ｂ・Ｃ

評価の基準　Ａ：良好なもの、Ｂ：普通、Ｃ：改善を要するもの
特に指導した事項
直ちに改善を要する事項
その他気が付いた点で、措置を必要とする事項

第6票　　　　　　　　定期検便結果処置票

平成　　年　　月　　日記入

| 給食従事者名： | 性別：男・女　　　年齢：　　歳 |

下痢をした日：平成　　年　　月　　日
検便の結果及び処置
平成　　年　　月　　日検便実施　　　　　　　検査機関名：

| 【結果】
　赤痢菌　　　　　：　　　＋　　　－
　サルモネラ　　　：　　　＋　　　－
　腸管出血性大腸菌：　　　＋　　　－
　血清型○157
　その他（具体的に記載すること） | 【処置（具体的に記載すること）】 |

資料

資料

第7票　　　　学校給食における衛生管理体制定期検査票

検査年月日　　　　年　月　日（　）
学校（調理場）名
給食従事者：栄養教諭等　　　名、調理員　　　名
定期検査票作成者（職・氏名）
給食対象人員　　　　　　　人

校長印

衛生管理体制	1	衛生管理責任者等は適切に定められているか。	A・B・C
	2	衛生管理責任者は適切に衛生管理の点検を行っているか。また、その結果を記録・保存しているか。	A・B・C
	3	校長等は、学校給食の衛生管理に注意を払い、学校給食関係者に衛生管理の徹底を促しているか。	A・B・C
	4	校長、場長、栄養教諭等、保健主事、学校医、学校歯科医、学校薬剤師、保健所長、保護者等などが連携した学校給食の衛生管理を徹底するための学校保健委員会等の組織は設けられ、適切に運用されているか。	A・B・C
	5	校長等は、食品に異常の発生が認められた場合には、必要な措置を講じているか。	A・B・C
	6	校長等は、施設設備に改善が必要と認めた場合に応急措置や計画的な改善を講じているか。	A・B・C
	7	校長等は、栄養教諭等の指導等が円滑に実施されるよう関係職員の意思疎通に配慮しているか。	A・B・C
	8	調理に関係のない者を調理室に入れていないか。	A・B・C
	9	調理室に学校給食関係者以外の者が立ち入る場合には、健康状況等を点検しているか。	A・B・C
	10	調理作業後の調理室は施錠しているか。	A・B・C

評価の基準　A：良好なもの、B：普通、C：改善を要するもの
特に指導した事項
直ちに改善を要する事項
その他気が付いた点で、措置を必要とする事項

資料　学校給食衛生管理基準

第8票　　　　　学校給食日常点検票

学校（調理場）名 ＿＿＿＿＿＿＿＿＿＿＿＿＿＿＿＿＿＿＿＿＿＿＿

校長（所長）検印 ＿＿＿＿＿＿＿＿＿＿＿＿＿＿＿＿＿＿＿＿＿＿＿

作成者 ＿＿＿＿＿＿＿＿＿＿＿＿＿＿＿＿＿＿＿＿＿＿＿

検査日　平成　　年　　月　　日
天気　　　　　気温

	調理前	調理中
調理室の温度	℃	℃
湿度	％	％

※栄養教諭等の衛生管理責任者が毎日点検し、校長（所長）の検印を受け、記録を保存すること。

衛　生　管　理　チ　ェ　ッ　ク　リ　ス　ト

作業前	施設・設備		□調理場の清掃・清潔状態はよい。
			□調理室には、調理作業に不必要な物品等を置いていない。
			□主食置場、容器は清潔である。
			□床、排水溝は清潔である。
			□調理用機械・機器・器具は清潔である。
			□冷蔵庫内は整理整頓され、清潔である。
			□機械、機器の故障の有無を確認した。
			□食品の保管室の温度・湿度は適切である。
			□冷蔵庫・冷凍庫（ただし、保存食の保管のための専用冷凍庫については－20℃以下）の温度は適切である。
			□食器具、容器や調理用器具は乾燥しており、保管場所は清潔である。
			□手洗い施設の石けん液、アルコール、ペーパータオル等は十分にある。
			□ねずみやはえ、ごきぶり等衛生害虫は出ていない。
	使用水		□作業前に十分（5分間程度）流水した。
			□使用水の外観（色・濁り）、臭い、味を確認した。（異常なし、異常あり）
			□遊離残留塩素について確認し、記録した。(0.1mg/L以上あった)（　　　　mg/L）
	検収		□食品は、検収室において検収責任者が立ち会い受け取った。
			□品質、鮮度、包装容器の状況、異物の混入、食品表示等を十分に点検し、記録した。
			□納入業者は衛生的な服装である。
			□納入業者は検収時に下処理室や調理室内に立ち入っていない。
			□食品は、食品保管場所に食品の分類毎に衛生的に保管した。
	学校給食従事者	服装等	□調理衣・エプロン・マスク・帽子は清潔である。
			□履物は清潔である。
			□適切な服装をしている。
			□爪は短く切っている。
		手洗い	□石けん液やアルコールで手指を洗浄・消毒した。
		健康状態	□下痢をしている者はいない。
			□発熱、腹痛、嘔吐をしている者はいない。
			□本人や家族に感染症又はその疑いがある者はいない。
			□感染症又はその疑いがある者は医療機関に受診させている。
			□手指・顔面に化膿性疾患がある者はいない。

資料

衛　生　管　理　チ　ェ　ッ　ク　リ　ス　ト			
作		下処理	□エプロン・履物等は下処理専用を使用している。
			□加熱調理用、非加熱調理毎に下処理した。
			□下処理終了後、容器・器具の洗浄・消毒を確実に行った。
			□野菜類等は流水で十分洗浄した。また、生食する場合、必要に応じて消毒した。
		調理時	□原材料は適切に温度管理した。
			□作業区分ごとに手指は洗浄・消毒した。
			□魚介類・食肉類、卵等を取り扱った手指は洗浄・消毒した。
			□調理機器・容器・器具は食品・処理別に専用のものを使用した。
			□加熱調理においては、十分に加熱し（75℃、1分間以上）、その温度と時間を記録した。
業			□加熱処理後冷却した食品は、適切に温度管理し、過程ごとの温度と時間を記録した。
			□和え物、サラダ等は十分に冷却したか確認し、調理終了時の温度と時間を記録した。
			□調理終了後の食品は二次汚染を防止するため適切に保管した。
			□床に水を落とさないで調理した。
		使用水	□食品を水で冷却する場合は、遊離残留塩素について確認し、その時の温度と時間を記録した。
			□調理作業終了時に、遊離残留塩素は確認して記録した。（0.1mg/L以上あった）（　　　　mg/L）
中		保存食	□原材料、調理済み食品をすべて50g程度採取した。
			□釜別・ロット別に採取した。
			□保存食容器（ビニール袋等）に採取し、−20℃以下の冷凍庫に2週間以上保存した。
			□採取、廃棄日時を記録した。
		配食	□調理終了後の食品を素手で扱っていない。
			□飲食物の運搬には、ふたを使用した。
			□配食時間は記録した。
			□食缶を床上60cm以上の置台等に置いた。

便所	□便所にせっけん液、アルコールやペーパータオルは十分にある。
	□調理衣（上下）、履物等は脱いだ。
	□用便後の手指は確実に洗浄・消毒した。
調理室の立ち入り	□部外者が立ち入った。
	□部外者の健康状態を点検・記録した。
	□部外者は衛生的な服装であった。
共同調理場受配校	□主食・牛乳や調理場を経由しない直送品は、検収票に基づき十分に点検し記録した。
	□牛乳等温度管理が必要な食品は保冷庫等により適切に保管した。
	□受配校搬入時の時刻を記録した。

		衛　生　管　理　チ　ェ　ッ　ク　リ　ス　ト		
作 業 後	配送 ・ 配膳	□調理終了後、速やかに喫食されるよう配送や配膳にかかる時間は適切である。（2時間以内）
		□釜別、ロット別に配送先を記録し、搬出時刻と搬入時刻を記録した。
		□配送記録をつけている。
	検 食	□検食は、児童生徒の摂食30分前に実施している。
		□加熱調理や冷却は、適切に行っている。
		□異味、異臭、異物等の異常はない。
		□検食結果については、時間等も含め記録した。
	給食当番	□下痢をしている者はいない。
		□発熱、腹痛、嘔吐をしている者はいない。
		□衛生的な服装をしている。
		□手指は確実に洗浄した。
	食器具・ 容器・器 具の洗浄 ・消毒	□食器具、容器や調理用器具は、確実に洗浄・消毒した。
		□食器具、容器や調理用器具の損傷を確認し、乾燥状態で保管した。
		□分解できる調理機械・機器は、使用後に分解し、洗浄・消毒、乾燥した。
	廃棄物 の処理	□調理に伴う廃棄物は、分別し、衛生的に処理されている。
		□返却された残菜は、非汚染作業区域に持ち込んでいない。
		□残菜容器は清潔である。
		□廃棄物の保管場所は清潔である。
	食品保管室	□給食物資以外のものは入れてない。
		□通風、温度、湿度等の衛生状態は良い。
		□ネズミやはえ、ごきぶり等衛生害虫はいない。

認印欄	（校長）

学 校 薬 剤 師 執 務 記 録

		学校薬剤師	印
執務日時	令和　　年　　月　　日（　） （午前・午後・全日）	執務場所	学校、自宅等（来訪電話等）、 研修会等、その他（　　　　）

<table>
<tr><td colspan="2" align="center">執　務　の　概　要</td></tr>
<tr><td align="center">項　　　目</td><td align="center">指　導　事　項</td></tr>
<tr>
<td>
1　学校保健委員会等
（1）学校保健計画立案
（2）その他（　　　　　　　　　　）

2　学校環境衛星に関する検査及び指導等
（1）換気及び保温等　（9）ネズミ・衛生害虫等
（2）採光及び証明　　（10）黒板面の色彩
（3）騒音　　　　　　（11）プールの水質
（4）飲料水　　　　　（12）プールの施設・設備
（5）大掃除の実施
（6）雑用水
（7）雨水の排水溝等
（8）排水の施設設備
</td>
<td></td>
</tr>
<tr>
<td rowspan="2">

3　学校給食施設及び設備の衛生に関する指導等

4　学校薬事衛生に関する指導等
（1）医薬品（保健室等）
（2）毒物、劇物（理科室等）
（3）健康教育（薬物乱用防止、薬の使用法等）
（4）その他（　　　　　　　　　　　　　　　）

5　健康相談、保健指導

6　学校保健に関する研修会、講習会

7　その他
</td>
<td align="center">備　　　考</td>
</tr>
<tr><td></td></tr>
</table>

学校環境衛生180のギモン　解決レシピ

2018年11月 4 日　初版発行
2021年12月16日　 2 版発行

編　著
一般社団法人　東京都学校薬剤師会

発行者　山本敬一
発行所　株式会社東山書房
　　　　〒604-8454　京都市中京区西ノ京小堀池町8-2
　　　　TEL：075-841-9278／FAX：075-822-0826
　　　　http://www.higashiyama.co.jp
印刷所　創栄図書印刷株式会社

©2018 東山書房　Printed in Japan　ISBN 978-4-8278-1569-6

本書のコピー、スキャン、デジタル化等の無断複製は著作権法上での例外を除き禁じられています。本書を代行業者等の第三者に依頼してスキャンやデジタル化することはたとえ個人や家庭内の利用でも著作権法違反です。